Wolfgang Reumuth, Jahrgang 1942, hat Latein, Französisch, Italienisch und Spanisch am Gymnasium unterrichtet. Außerdem war er einige Jahre Lehrbeauftragter für Italienisch an der Universität Heidelberg und Dozent an der Volkshochschule Mannheim.

Er ist Autor mehrerer Grammatiken zu verschiedenen romanischen Sprachen, die er in Zusammenarbeit mit Prof. Dr. Otto Winkelmann verfasst hat. Alle diese Werke sind im gottfried egert verlag, Wilhelmsfeld, erschienen.

Im Verlag tredition hat er 2016 *Sammelsurium für Sprachenfreaks* und 2017 *Übungen zum italienischen Wortschatz* veröffentlicht.

Das vorliegende Werk *Übungen zum deutschen Wortschatz* ist für fortgeschrittene Lernende konzipiert, die ihre lexikalischen Kenntnisse erweitern wollen. Zur Erreichung dieses Ziels werden viele abwechslungsreiche Aufgaben geboten. Es geht z.B. um Wortfamilien und Wortfelder, Verben und ihre Komposita, Synonyme und Antonyme, in einigen Fällen sind fehlende Buchstaben zu ergänzen.

Die Lösungen aller Übungen befinden sich im Anhang.

Mannheim, im April 2019   Wolfgang Reumuth

Wolfgang Reumuth

Übungen
zum
deutschen Wortschatz

Für Lina, Tobias und Anton

© 2019 Wolfgang Reumuth
Umschlag: Thomas Reumuth
Lektorat: Elke Sachser

Verlag: tredition GmbH, Halenreie 40-44, 22359 Hamburg

ISBN 978-3-7482-4936-8 (Paperback)
ISBN 978-3-7482-4937-5 (e-Book)

Inhalt

1. Lauter „Fälle"

1. Es war reiner ....

2. Wirf bitte den .... in den Eimer dort.

3. Unser Kollege ist bei einem .... ums Leben gekommen.

4. Bei der Veranstaltung kam es zu einem bedauerlichen ....

5. Unsere Tochter kann heute nicht in die Schule. Sie hat ....

6. .... ist ein anderes Wort für Applaus.

7. Das ....sdatum der Wurst ist überschritten.

8. Der Abgeordnete erklärte, von dem .... nichts gewusst zu haben.

9. Der Arzt musste zu einem ....

10. In der Diskussion geht es um den .... von steuerlichen Privilegien.

11. Der Patient hat leider einen .... erlitten.

12. Es ist schon wieder ein .... auf diese Bank verübt worden.

13. Das ist ein glänzender .... So machen wir es.

14. Mein Mann hat einen Bandscheiben........................

Einfall, Rückfall, Vorfall (2), Verfall, Zwischenfall, Wegfall, Durchfall, Zufall, Notfall, Abfall, Unfall, Beifall, Überfall

2. Das Verb „nehmen" + Komposita:

1. Da der Schüler sich schlecht ....hatte, durfte er an der Studienfahrt nicht ....

2. Im Urlaub habe ich zwei Kilo ....

3. Leider konnte ich diesen Termin nicht ....

4. .... bitte den Brief ...., wenn du in die Stadt gehst.

5. Die Zahl der Geburten .... in Deutschland ständig ......

6. Dieses Geschenk kann ich nicht ....

7. Ihrem Schreiben .... wir, dass Sie an einer weiteren Zusammenarbeit mit unserer Firma nicht mehr interessiert sind.

8. Ich ...., dass er noch kommt.

9. Ich habe den Eindruck, dass sein Schwager sich finanziell .... hat.

10. Dafür .... wir keine Verantwortung.

11. Ihrem Freund wurde der Führerschein wegen zu schnellen Fahrens ....

12. Ich weiß nicht, wer das Geld .... hat.

13. Der Richter hat zwei Zeugen ....

14. Mein Nachbar hat das Paket ....

15. Ihre Beleidigungen .... ich nicht länger ....!

16. Gott sei Dank hat mich der Zahnarzt gleich ....

17. Wo soll ich das Geld dafür ....?

18. Wir haben bei der Bank einen Kredit ....

19. Deutschland hat sich bereit erklärt, weitere Flüchtlinge
....

20. Was habt ihr im Urlaub ....?

21. Den Konjunktiv haben wir noch nicht ....

22. Was .... du als Vorspeise?

---

abnehmen (2), annehmen (2), aufnehmen (2), benehmen, drannehmen,
entgegennehmen, entnehmen, hernehmen, hinnehmen, mitnehmen,
teilnehmen, übernehmen (2), unternehmen, durchnehmen, vernehmen,
nehmen, wahrnehmen, wegnehmen, zunehmen

---

3. Wie lautet das entsprechende Substantiv mit dem bestimmten Artikel?

1. springen .... 2. brechen ....

3. wählen .... 4. treten ....

5. werfen .... 6. brennen ....

7. fahren .... 8. fliegen ....

9. pfeifen .... 10. genießen ....

11. wollen .... 12. reißen ....

13. gehen .... 14. wachsen ....

15. beißen .... 16. klingen ....

17. stechen .... 18. fließen ....

19. reiten	....	20. zwingen	....

19. reiten .... 20. zwingen ....

21. helfen .... 22. geben ....

23. laufen .... 24. stürzen ....

25. rächen .... 26. fallen ....

27. stehen .... 28. halten ....

29. liegen .... 30. rufen ....

31. baden .... 32. finden ....

4. Wortfeld „Kleidungsstücke und Accessoires":

1. In ihrer Ehe hat sie die .... an.

2. Ich trage meistens .... weil sie bequem sind.

3. Er muss den .... enger schnallen.

4. Ich habe es aus eigener .... bezahlt.

5. Das sind zwei Paar ....

6. Dem Wort .... liegt das Wort „kroatisch" zugrunde.

7. Das ist .... wie ....

8. Es ist oft schwierig, Beruf und Familie unter einen ....
   zu bringen.

9. In diesem .... sah seine Frau bezaubernd aus.

10. Für die Hochzeit unseres Sohnes muss sich mein Mann einen
    neuen .... kaufen.

11. Ich brauche einen leichten .... für das Frühjahr.

12. An ihrem Geburtstag trug sie eine weiße .... und einen roten .... mit Schlitz.

13. Er trug ein kurzärmeliges ....

14. Die Polizisten trugen eine kugelsichere ....

15. Es ist sehr kalt. Setz eine .... auf und zieh .... an.

16. Ich mache mir einen Knoten ins ...., damit ich es nicht vergesse.

17. Ich wechsle meine .... jeden Tag.

18. Es sieht nach Regen aus; ich glaube, ich nehme besser einen .... mit.

19. Ich trage lieber einen Schlaf..................... als ein Nacht.....................

20. Trägst du ein Unter..................... darunter?

21. Beim Schwimmen ziehe ich einen Bade..................... einem .... vor.

22. Dieser Regen..................... lässt kein Wasser durch.

23. Wenn es heiß ist, trage ich am liebsten ein .... und ....

24. Diesen .... habe ich selbst gestrickt.

25. Bei einem .... sind Rock und Jacke meist aus demselben Material gemacht und farblich aufeinander abgestimmt.

26. Frauen geben für Hand........................ oft viel Geld aus.

Hemd (2), Mantel (2), Hosen, Weste, Jeans, Tasche (2), Stiefel, Gürtel, Handschuhe, Shorts, Pullover, Anzug (3), Jacke, Hose, Hut, Kleid, Rock, Krawatte, Bluse, Unterwäsche, T- Shirt, Kostüm, Bikini, Schirm, Mütze

---

5. Der Hund bellt.

1. Der Frosch ....

2. Das Pferd ....

3. Die Katze ....

4. Der Löwe ....

5. Der Hahn ....

6. Das Schwein ....

7. Die Kuh ....

8. Der Hirsch ....

9. Das Schaf ....

10. Der Rabe ....

11. Die Lerche ....

12. Der Esel ....

13. Der Storch ....

14. Die Maus ....

15. Die Ziege ....

16. Die Ente ....

17. Die Gans ....

18. Der Wolf ....

19. Der Truthahn ....

20. Der Elefant ....

21. Die wütende Katze ....

> röhren, quaken (2), muhen, iahen, wiehern, miauen, trillern, brüllen, krä-
> hen, piep(s)en, fauchen, klappern, heulen, trompeten, schnattern, kollern,
> krächzen, grunzen, blöken, meckern

6. Was hat die gleiche Bedeutung?

1. über die Bühne gehen   a. wütend werden

2. unter einen Hut bringen   b. egal

3. sich auf die Socken machen   c. etw. überstanden haben

4. aus der Haut fahren   d. aufbrechen

5. das Handtuch werfen   e. nicht direkt sagen

6. auf den Arm nehmen   f. wieder gesund sein

7. zur Hand gehen   g. sehr gut können

8. gehupft wie gesprungen   h. tonangebend sein

9. über dem Berg sein   i. sich über jdn. lustig machen

10. durch die Blume sagen   j. jdm. behilflich sein

11. wieder auf dem Damm sein	k. sehr überrascht sein
12. aus dem Effeff können	l. jdn. unterbrechen
13. die erste Geige spielen	m. etw. überstürzt entscheiden
14. jdn. auf die Straße setzen	n. miteinander abstimmen
15. jdn. um die Ecke bringen	o. nicht mehr weitermachen
16. aus allen Wolken fallen	p. sich irgendwie abspielen
17. jdm. ins Wort fallen	q. jdn. töten
18. etw. übers Knie brechen	r. kündigen

1... 2... 3... 4... 5... 6 ... 7... 8... 9... 10... 11... 12...
13... 14... 15... 16... 17... 18...

7. Die Wortfamilie „geben":

1. Beide sind sehr stur. Keiner will ....

2. Habt ihr alle eure Hefte ....?

3. Die begeisterten Konzertbesucher riefen „.......................,
.......................".

4. Der Bettler bittet um eine milde ....

5. Ihr Freund ist ein großer ....

6. Der Junge hat schließlich ...., dass er das Geld
gestohlen hat.

7. Bei der .... der Fußballweltmeisterschaft ging es
nicht mit rechten Dingen zu.

8. .... uns unsere Schuld wie auch wir ....
unseren Schuldigern.

9. Ihr Sohn ist sehr sprach.......................

10. Das Buch, das ich ihm geliehen habe, hat er mir immer noch
nicht ....

11. Letzter Termin für die .... der Zulassungsarbeit
ist der 15. März.

12. Heute habe ich 200 Euro ....

13. Ich weiß nicht, von wem er diese .... hat.

14. Unsere Tochter widmet sich ihrem Studium mit großer
....

15. Du musst den Schlüssel an der Rezeption ....

16. Wir müssen unsere monatlichen .... reduzieren.

17. Leider ist die Wohnung schon ....

18. .... doch nicht so .... mit deinem neuen Handy!

19. Mit solchen Kleinigkeiten will ich mich nicht ....

20. Der Anrufer hat sich als Polizist ....

21. Das ist schon der zweite Elfmeter, den er .... hat.

22. Du solltest dich keinen Illusionen ....

23. Mir war schlecht. Ich musste mich ....

24. Der überforderte Boxer hat den hoffnungslosen Kampf in der
dritten Runde ....

25. Die Verhandlungen haben bisher zu keinem .... geführt.

26. Obwohl seine Lage aussichtslos war, wollte sich der Feind nicht ....

27. Die .... der Wohnung an die Nachmieter soll morgen stattfinden.

28. Was hat die Nachprüfung ....?

29. Die Geschichte beruht auf einer wahren ....

30. Wenn der Dirigent sich an das Pult ...., applaudiert das Publikum.

31. Du könntest dir mehr Mühe ....

32. Was hat euch die Lehrerin für morgen ....?

33. In diesem Fall geht es um die .... einer fehlerhaften Ware.

34. Sie haben den Vorschlag ohne .... von Gründen abgelehnt.

35. Wer ist der .... dieser wissenschaftlichen Zeitschrift?

Angeber, zurückgeben, ausgeben (2), geben, nachgeben, hingeben, abgeben (3), Zugabe (2), Gabe, begeben, zugeben, Vergabe, vergeben (4), begabt, Abgabe, Begebenheit, Begabung, Hingabe, Übergabe, Ausgabe, Herausgeber, angeben, Rückgabe, Angabe, übergeben, aufgeben (2), Ergebnis, ergeben (2)

8. Die Wortfamilie „sagen":

1. Ich freue mich. Ich habe mich um diese Stelle beworben und habe eine .... erhalten.

2. Wegen Unbespielbarkeit des Platzes musste die Partie .... werden.

3. Unsere Mannschaft hat kläglich ....

4. Ihr sollt nicht .... Er soll selbst überlegen.

5. Der Täter hat der Familie .... Leid zugefügt.

6. Ich habe schon so viele Bewerbungsschreiben abgeschickt und immer nur .... erhalten.

7. Was .... die Kleidung über einen Menschen ....?

8. Das Ergebnis .... nicht viel.

9. Er hat es nicht wirklich so gemeint. Er hat es nur so ....

10. Ich kenne ihn nur vom Hören..............

11. Das würde mir nicht ....

12. Es kam zum Unfall, weil die Bremsen ....

13. Der Zeuge hat seine frühere .... widerrufen.

14. Hast du die .... am Bahnsteig verstanden? Ich nicht.

15. Das ist leichter .... als getan.

---

sagen (2), besagen, Zusage, zusagen, aussagen, absagen, Absage, versagen (2), Durchsage, Aussage, vorsagen, unsäglich, hinsagen

9. Was bedeutet …?

1. jdm. Honig ums Maul schmieren	a. jdn. mit Absicht täuschen
2. ins Fettnäpfchen treten	b. gern Alkohol trinken
3. jdn. über den Tisch ziehen	c. jdm. kündigen
4. jdn. vor die Tür setzen	d. Pech haben
5. auf der faulen Haut liegen	e. jdm. schmeicheln
6. gern einen heben	f. übertreiben
7. jdn. an der Nase herumführen	g. geflüchtet sein
8. die Arschkarte ziehen	h. etw. Unpasssendes sagen
9. über alle Berge sein	i. nichts tun
10. dick auftragen	j. jdn. übervorteilen

1. …. 2. …. 3. …. 4. …. 5. …. 6. …. 7. …. 8. …. 9. …. 10. ….

10. Die Wortfamilie „Teil":

1. Im Zug hatten wir ein …………… für uns allein.

2. Die …………… an der Sitzung ist verpflichtend.

3. In einem Schreiben wurde mir ……………, dass ich die Stelle am 1. August antreten könne.

4. Herr Meier arbeitet nicht mehr in unserer ……………

5. Leider konnte ich für dieses Gerät kein …………… bekommen.

6. 27 .... durch 9 ist 3.

7. Der Text ist in drei Abschnitte ....

8. Der Rock passt gut zu dem ....

9. Jeder Gruppe wurde eine andere Aufgabe ....

10. Unserer Firma wurde der Auftrag zum Bau der Turnhalle ....

11. Man muss die .... und die .... gegeneinander abwägen.

12. Der umgangssprachliche Ausdruck .... bedeutet das-selbe wie der schriftsprachliche Ausdruck Gesäß.

13. Das .... von gut ist schlecht.

14. Ein Aufsatz besteht aus der Einleitung, dem .... und dem Schluss.

15. Das Erbe wurde unter den Geschwistern ....

16. Die Tafel .... Lebensmittel an Bedürftige.

17. Alle erhalten den gleichen .... vom Erbe.

18. Wer ...., muss auch einstecken können.

19. Du musst dir dein Taschengeld besser ....,

20. Wir sprachen ihr unsere aufrichtige .... aus.

Oberteil, unterteilen, Hinterteil, teilen, Gegenteil, Teilnahme, mitteilen, Hauptteil, Abteil, Nachteil, zuteilen, verteilen, Ersatzteil, einteilen, Abteilung, Anteilnahme, austeilen, Anteil, erteilen, Vorteil, aufteilen

11. Ersetzen Sie die folgenden Ausdrücke mit einem Verb:

1. im Gesicht rot werden ....

2. den Mut nehmen ....

3. größer machen ....

4. den Kern entfernen ....

5. möglich machen ....

6. zornig machen ....

7. wach machen ....

8. stabiler machen ....

9. schöner machen ....

10. breiter machen ....

11. voll machen ....

12. Wie lautet das Gegenteil?

1. Die Arbeitslosigkeit hat zugenommen//..........................

2. Das erleichtert//.......................... die Aufgabe.

3. Er liebte//.......................... diese Arbeit.

4. Die Lebensbedingungen haben sich verbessert// ....

5. Um wie viel Uhr bist du aufgewacht//..........................?

6. Der Angeklagte wurde verurteilt//..........................

7. Die Firma hat fünfzig Arbeiter entlassen//...............................

8. Die Lehrer lobten//........................... ihn.

9. Ich habe fünf Kilo abgenommen//...........................

10. Steh auf!//...........................

11. Die Sonne war gerade aufgegangen//...........................

12. Unser Vorschlag wurde angenommen//...........................

13. Der Angestellte hat seine Pflicht erfüllt//...........................

14. Wann hat er das Geschäft betreten//...........................?

15. Der Kirchendiener hat die Kerze angezündet//...................

16. Wann wurde dieses Gesetz erlassen//...........................?

17. Hilfst du mir, den Tisch zu decken//...........................?

18. Das Bild ist gelungen//...........................

13. Wortfeld „Physiologische Phänomene":

1. Wenn man ...., hält man sich die Hand vor den Mund.

2. Ich habe schon seit drei Tagen keinen ....

3. Das Kind .... vor Kälte.

4. Hülsefrüchte verursachen ....

5. Mein Mann .... oft, weil er zu viel raucht.

6. Warum .... du? Es ist doch nichts passiert.

7. Mein Opa .... so laut, dass die Wände zittern.

8. Bei dieser Arbeit kommt man ganz schön ins ....

9. Die Situation war so komisch; ich konnte nicht umhin zu
....

10. Es ist sehr unangenehm, wenn man beim Sprechen einen
.... bekommt.

11. Die Frau stieß einen .... der Erleichterung aus.

12. Ich hörte ein kleines Mädchen bitterlich ....

13. Auf der Leiter wurde es meinem Onkel plötzlich ....

14. In der Straßenbahm hat gestern ein Betrunkener ....
und einen lauten .... gelassen.

15. Ich habe mich an einem Stückchen Brot ....

16. Mama, ich muss .... machen.

17. Du musst das Essen gründlich ....

18. Ich hatte starke Halsschmerzen und konnte kaum noch
....

19. Eine Antwort gab er nicht; er .... nur mit den
Schultern.

20. Mich .... die Nase.

21. Vor lauter Kälte bekomme ich eine ....

22. Bei diesem Anblick ergriff mich ein ....

23. Mir .... der Magen.

> gähnen, zittern, lachen, Schluckauf, Blähungen, schwindlig, Stuhlgang, husten, Furz, weinen, jucken, verschlucken, Seufzer, kauen, schnarchen, Gänsehaut, rülpsen, zucken, Schauder schlucken, knurren, schluchzen, Pipi, Schwitzen

14. Das Wortfeld „Tiere":

1. Eine .... macht noch keinen Sommer.

2. Ich habe einen Hunger wie ein ....

3. Lieber ein .... in der Hand als eine .... auf dem Dach.

4. Dein Cousin fühlt sich hier wie der .... im Korb.

5. Nach der Niederlage hat er wie ein .... geheult.

6. Da liegt der .... im Pfeffer.

7. ...., die bellen, beißen nicht.

8. Er stand da wie ein begossener ....

9. Du bist ein ausgemachter ....

10. Ich kaufe doch nicht die .... im Sack!

11. Er hat sich wie ein .... im Porzellanladen benommen.

12. Ich glaube, er hat dir einen .... aufgebunden.

13. Beeil dich, du lahme ....!

14. Da hast du noch mal .... gehabt.

15. Da lachen ja die ....

16. Die falsche .... hat mich hereingelegt.

17. Sie stehlen wie die ....

18. Sein Onkel ist schlau wie ein ....

19. Mein Kollege stolziert wie ein .... durch das Büro.

20. Bei ihm musst du aufpassen wie ein ....

21. Mit ihm kannst du .... stehlen.

22. Täusch dich nicht; er ist ein .... im Schafspelz.

23. Diese dumme .... hat uns alles vermasselt.

24. Kennst du das Musical „König der ....“?

25. Der .... klappert mit dem Schnabel.

26. Die .... ernährt sich haupsächlich von Aas.

27. Der .... ist das Lebewesen, das dem Menschen am meisten ähnelt.

28. Die .... ist ein Steppentier mit langen Beinen und einem sehr langen Hals.

Elefant, Ente, Katze, Esel, Bär (2), Pudel, Hund, Schwalbe, Rabe, Huhn, Fuchs, Hase, Pferd, Pfau, Wolf, Schlange, Taube, Hyäne, Luchs, Affe, Schwein, Giraffe, Kuh, Storch, Löwe, Schlosshund, Hahn, Spatz

15. Die Wortfamilie „sehen":

1. Ich habe die Daten aus .... gelöscht.

2. Auf lange .... wird sich die Investition lohnen.

3. Alle waren .... gerührt, als sie seine Geschichte hörten.

4. Ich glaube, sie hat es nur auf sein Geld ....

5. Petra, ..., dass die Übersetzung rechtzeitig fertig wird.

6. Die Leistungen unserer Tochter werden .... besser.

7. Ich bin ...., dass ich mein Studium nächstes Jahr abschließen kann.

8. Er hat .... vorbeigeschossen.

9. Ich muss das Wort im Wörterbuch ....

10. Sie lassen ihm gegenüber zu große .... walten.

11. Die .... betrug streckenweise nur 50 Meter.

12. In dieser .... haben Sie recht.

13. Es war nicht meine ...., Sie zu beleidigen.

14. Unser Sohn blickt mit großer .... in die Zukunft.

15. .... ihrer Gesundheit machen wir uns große Sorgen.

16. Sie ...., als ob sie kein Wässerchen trüben könne.

17. .... bissiger Hund!

18. Nach dem .... zu urteilen ist er Südländer.

19. Sie sind ihrem Sohn gegenüber zu ...., sie müssten strenger sein.

20. In dieser Situation gingen die Verantwortlichen mit großer .... zu Werke.

21. Es gibt Männer, die sich nach jeder Frau ....

22. Bei .... der Übersetzung stieß ich auf viele Fehler.

23. Nimm bitte auf den gehbehinderten Mann ....

24. Ich bin ...., ich brauche zum Lesen eine Brille.

25. In Österreich heißen die Zuschauer ....

26. In diesem Fall kann von einer Bestrafung .... werden.

27. Es war ...., dass er diese Prüfung nicht bestehen würde.

28. .... war der Mann betrunken.

29. Diese Entwicklung konnte niemand ....

30. Diesen Fehler habe ich einfach ....

31. Zuerst muss ich mir die nötige .... über das Ganze verschaffen.

32. Während meiner Abwesenheit .... meine Schwägerin unsere Kinder.

33. Der Angeklagte .... dem Prozess gelassen
....

> Aussehen, Sicht, beaufsichtigen, sichtlich, hinsichtlich, Umsicht, zusehen,
> Versehen, zusehends, zuversichtlich, absichtlich, übersehen, nachsehen,
> Übersicht, Sicht, Hinsicht, offensichtlich, Absicht, Zuversicht, Rücksicht,
> aussehen, Vorsicht, nachsichtig, umsehen, Durchsicht, Nachsicht, ent-
> gegensehen, weitsichtig, Zuseher, absehen (3), vorhersehen

16. Das Wortfeld „Körper":

1. Aus den ...., aus dem Sinn.

2. Was hat er dir ins .... geflüstert?

3. Das .... ist der untere Teil des Gesichts.

4. Mir gehen zu viele Dinge durch den ....

5. Diese Angelegenheit liegt mir sehr am ....

6. Kinder lutschen gern am ....

7. Das ist kein Geheimnis mehr. Es ist in aller ....

8. Lügen haben kurze ....

9. Vor Angst schlotterten ihm die ....

10. Voller .... studiert nicht gern.

11. Was man nicht im .... hat, muss man in den
.... haben.

12. Ich habe alle .... voll zu tun.

13. Dieser Politiker kriegt den .... nicht voll genug.

14. Die Polizei ist dem Räuber auf den ....

15. Ich habe einen Frosch im ....

16. Pass auf, die nehmen dich auf den ....!

17. Wer hat dir denn diesen Floh ins .... gesetzt?

18. Dieser Mann hat überall seine .... im Spiel.

19. Das Töchterchen wickelt ihren Papa um den kleinen
....

20. Wenn man das sieht, stehen einem die .... zu
Berge.

21. Offensichtlich hatte er die Bemerkung in den falschen
.... gekriegt.

22. Mein Bruder ist bis über beide .... verliebt.

23. Unser Lehrer spricht durch die ....

24. Das passt wie die .... aufs ....

25. Wir haben den Plan auf .... und ....
geprüft.

26. Das ist einer, der seine .... gebraucht, um voranzu-
kommen.

27. Der Angeklagte zuckte nur mit den ....

Arm, Bauch, Ferse, Herz (2), Knie, Kinn, Haar, Bein (2), Ohr (3), Hals (3),
Kopf (2), Ellbogen, Mund, Finger, Faust, Nase, Schulter, Hand (3), Daumen, Auge (2), Niere

17. Wie lautet das Gegenteil?

1. ein fleißiger// .... Schüler

2. ein naher// .... Verwandter

3. eine hohe// .... Stimme

4. eine harte// .... Matratze

5. eine glatte// .... Haut

6. ein breiter// .... Rand

7. ein sauberer// ....Teller

8. der innere// .... Teil

9. die beste// .... Lösung

10. ein spannender// .... Film

11. ein regelmäßiges// .... Verb

12. ein dickes// .... Buch

13. ein starker// .... Gegner

14. eine schriftliche// .... Prüfung

15. eine enge// .... Straße

16. eine gerade// .... Linie

17. eine hohe// .... Tür

18. harte// .... Drogen

18. Die Wortfamilie „ziehen"

1. Diese Krawatte passt gut zu deinem ....

2. Sie haben ihre Kinder gut ....

3. Die Müllers wohnen nicht mehr hier. Sie sind ....

4. Sie sind schon mit zwei Monatsmieten im ....

5. Ein Unwetter ist im ....

6. Ich muss die Betten frisch ....

7. Warum wurde ihm der Führerschein ....?

8. Der Angeklagte musste ins Gefängnis, weil er Millionen Steuern .... hatte.

9. Ich muss mich gerade noch ...., dann können wir gehen.

10. Er genießt sein Leben in vollen ....

11. Der .... von Hamburg nach München hat uns mehrere Tausend Euro gekostet.

12. Mein Freund wohnt im 5. Stock; da nehme ich lieber den ....

13. Im .... der Ermittlungen wurde festgestellt, dass der Täter schon in seinem Heimatland eine schwere Straftat verübt hatte.

14. Nach .... der Auslagen bleiben mir 1.200 Euro.

15. An deiner Stelle würde ich einen Anwalt ....

16. Der General ordnete den .... des Heeres an.

17. Lass diese .... Bemerkungen!

18. Die Miete kostet 1.700 Euro .... Neben-
kosten.

19. Aufgrund der veränderten Sachlage habe ich meine Zusage
....

20. Der Krimi war so spannend, dass ich ihn in einem ....
gelesen habe.

21. Worauf .... sich diese Textstelle?

22. Seit dem Tod seiner Frau führt er ein ....
Leben.

23. Die Stadtverwaltung gibt diesem Projekt den ....

24. Ich hätte gern einen .... von diesem Foto.

25. Mein Opa .... nur eine kleine Rente.

26. .... nehmend auf Ihr Schreiben vom 12.
März teilen wir Ihnen mit, dass ...

27. Unser Sohn lebt in einer festen ....

28. Zurzeit wird viel über den .... von Familien
diskutiert.

29. Meine Frau muss sich einer Knieoperation ....

30. Wir haben unser Bankkonto um 400 Euro ....

31. Ich habe mir schnell eine Jacke ....

32. Das .... sich meiner Kenntnis.

33. Die Frau hat das rechte Bein ....

34. Das müssen wir jetzt .... koste es, was es wolle.

35. Meiner Meinung nach sind das .... Erwartungen.

36. Ich würde einen Theaterbesuch einem Kinobesuch immer ....

37. Ich habe mir beim Fußballspielen eine Leistenzerrung ....

38. Ihre Kinder genossen eine liebevolle ....

Umzug, entziehen (2), Rückzug, Vorzug, erziehen, unterziehen, Aufzug, Anzug (2), umziehen (2), hinterziehen, Verzug, zurückziehen (2), zuzüglich, Abzug (2), beziehen (3), Zuzug, überziehen (2), hinzuziehen, durchziehen, überzogen, zuziehen, Bezug, vorziehen, anzüglich, Erziehung, Zug (3), nachziehen, Beziehung

19. Das Wortfeld „Farbe":

1. Bei Nacht sind alle Katzen ....

2. Seine Frau hat einen .... Daumen.

3. Gestern Abend war sein Kumpel wieder einmal ....

4. Für seine Zukunft sehe ich ....

5. .... ist die Farbe der Hoffnung.

6. Er ist gerade noch bei .... durchgefahren.

7. Wir sind uns nicht ....

8. Er sieht alles durch die .... Brille.

9. Der Schüler hat ein .... Blatt abgegeben.

10. Sie ist das .... Schaf der Familie.

11. Die Stadt hat .... Licht für den Neubau des Stadions gegeben.

12. Am Montag ist Paul nicht zur Arbeit erschienen. Ich glaube er hat .... gemacht.

13. Da kannst du warten, bis du .... wirst.

14. Er kommt einfach auf keinen .... Zweig.

15. Wegen eines üblen Fouls zeigte der Schiedsrichter dem Spieler die .... Karte.

16. Vor Wut hat mein Chef einen .... Kopf bekommen.

17. „Eine .... Weste haben" bedeutet: sich nicht schuldig gemacht haben.

18. Ich habe die Information am .... Brett gelesen.

19. Davon hat er keinen .... Dunst.

20. Das wurde am .... Tisch geplant.

21. Wegen Handspiels bekam der Spieler die .... Karte.

22. Er arbeitet viel ....

rosarot, weiß (2), grün (6), blau (3), rot (2) gelb (2), schwarz (5), grau

20. Normalsprache – Umgangssprache:

1. betrunken sein	a. feuern
2. intensiv und lange lernen	b. die Hosen voll haben
3. kündigen	c. Knast
4. Angst haben	d. blau sein
5. Gefängnis	e. pauken
6. abschreiben	f. abkupfern

1 ... 2 ... 3 ... 4 ... 5 ... 6 ...

21. Das Wortfeld „Transportmittel":

1. Der .... nach München fährt von Gleis 3 ab.

2. Wir fahren immer mit dem .... in Urlaub.

3. Wir sitzen alle im gleichen ....

4. Es hat einen Unfall gegeben. Rufen Sie bitte sofort einen ....

5. Es ist nicht weit; wir können zu .... gehen.

6. Wenn man mit dem .... fährt, muss man einen Helm aufsetzen.

7. Das .... ist ohne Schwierigkeit gelandet.

8. Ich würde gerne mit dem .... nach Amerika fahren.

9. Da mein Freund im 6. Stock wohnt, nehme ich den ....

10. Um zur Insel zu kommen, haben wir die .... genommen.

11. Der Behinderte ist auf einen .... angewiesen.

12. Im alten Rom ließen sich die Patrizier von Sklaven in luxuriösen .... transportieren.

13. Ich fahre mit dem .... zur Schule.

14. Der .... ist mir vor der Nase weggefahren.

15. Die .... fährt auf Schienen.

16. Die Sanitäter haben den Verletzten auf eine .... gelegt.

17. Da wir sehr spät angekommen sind, haben wir ein .... genommen.

18. Für das .... brauchst du keinen Führerschein.

19. Auf den Kanälen von Venedig fahren zahlreiche ....

20. Der .... flog mit dem Schwerverletzten in eine Klinik.

21. Die Frau schob ihren .... zur Kasse.

22. Der .... wird besonders als Lasttier gebraucht.

23. Der Campingplatz verfügt über viele Stellplätze für ....

24. Ich habe eine Autopanne. Ich muss einen .... kommen lassen.

25. Jeden Dienstag holt das .... den Restmüll ab.

26. Für den Transport des Baumaterials habe ich mir vom Baumarkt einen .... geliehen.

27. Wir brauchen noch drei .... Sand.

28. Acht Hunde haben den .... gezogen.

Fahrrad, Sänfte, Hubschrauber, Müllauto, Zug, Rollstuhl, Auto, Boot,
Krankenwagen, Tragbahre, Fuß, Gondel, Motorrad, Flugzeug, Schiff,
Einkaufswagen, Aufzug, Fähre, Abschleppwagen, Bus, Wohnmobil,
Schubkarre, Anhänger, Straßenbahn, Schlitten, Taxi, Esel, Moped

22. Das Wortfeld „Behältnis":

1. Es ist kein Benzin im ....

2. Wie viele .... Zigaretten rauchst du in der Woche?

3. Gestern Abend haben wir zwei .... Chianti
   getrunken.

4. ein Buch im ....

5. Der Kommissar steckte die Pistole wieder in das ....

6. Ich habe dir eine .... Pralinen gebracht.

7. Wie viele .... Kaffee trinkst du am Tag?

8. Hast du schon den .... gepackt?

9. Ich habe es aus eigener .... bezahlt.

10. Ein .... Bier enthält 20 Flaschen.

11. Ein Pils vom .... schmeckt herrlich.

12. Hast du schon das Wasser in die .... eingelassen?

13. Der Dompteur hat den Löwen .... betreten.

38

14. Im .... werden die geweihten Hostien aufbewahrt.

15. Die Schirme stellt man in den ....

16. Da hast du 2 Euro für dein ....

17. Das Kopierpapier ist in der zweiten ....

18. Ich kaufe nicht die Katze im ....

19. In den .... passen drei Koffer.

20. Die Wähler werfen die Wahlzettel in die ....

21. Der .... ist voller Kleider.

22. Ich bewahre meinen Schmuck in einem .... auf.

23. Die Unterlagen habe ich in dem grünen .... abgeheftet.

24. Tobias, hast du schon deinen .... für morgen gepackt?

25. Steck die Brille in das ....!

26. Hast du einen Radiergummi in deinem ....?

27. Ich habe das Original in eine Plastik.......................... getan.

28. Meine Zeichnungen bewahre ich in einer .... auf.

29. Für die .... muss man im Supermarkt bezahlen.

30. Heute Mittag habe ich dieses Schreiben im .... vorgefunden.

31. Unter meinem Schreibtisch steht ein ....

32. Der .... muss gewaschen werden.

33. Wirf das bitte in den ....

34. Die Rosen sehen in dieser .... gut aus.

35. Der Zucker ist in der geblümten ....

36. Die Toten werden in einem .... beerdigt.

37. Die .... enthält Impfstoff.

38. Zum Essen trinke ich gerne ein .... Wein.

39. Ich hätte gern ein .... Kaffee und ein Stück Apfelkuchen.

40. Im .... waren drei Kippen.

41. Ich habe eine ganze .... Äpfel gekauft.

42. In der .... liegen noch drei Mandarinen.

43. Leg die Wurst bitte in den ....

44. Sie hat ihm einen .... gegeben.

45. In dieser .... ist Orangenlikör.

46. Die Verkäuferin tut die Brötchen in eine ....

47. In meinem .... sind nur noch 5 Euro.

48. In dem .... muss noch eine Rohrzange liegen.

49. Der .... ist voll. Es geht nichts mehr hinein.

Vase, Aschenbecher, Kiste, Kännchen, Glas, Ampulle, Sarg, Dose, Etui, Mäppchen, Hülle, Mappe, Papierkorb, Briefkasten, Mülleimer, Plastiktüte, Ranzen, Ordner, Safe, Schublade, Sack, Kofferraum, Schrank, Tank, Flasche, Schachtel, Schuber, Halfter, Tasse, Koffer (2), Tasche, Kasten, Fass, Wanne, Urne, Schirmständer, Tabernakel, Käfig, Geldbeutel, Karaffe, Werkzeugkasten, Kopfkissenbezug, Tüte, Korb, Obstschale, Koffer, Sparschwein, Kühlschrank

23. Die Wortfamilie „fahren":

1. Die .... ist um 13.15 Uhr.

2. Er hat mir die .... genommen.

3. Unseren Freunden ist etwas Schlimmes ....

4. In Paris habe ich mich hoffnungslos ....

5. .... Tag und Nacht freihalten!

6. Beinahe hätte ein Auto die Katze ....

7. Das Auto .... direkt auf uns .....

8. Wir wünschen euch eine gute ....

9. Das ist eine stark .... Straße.

10. Wir haben den Stau weiträumig ....

11. Diese Seitenstraße ist zurzeit nicht ....

12. Wenn wir uns nicht beeilen, ... der Zug ohne uns .....

13. Der Fahrschüler hat Probleme beim ....

14. Wir hatten an der Grenze freie ....

15. Sie müssen ....; Sie können hier nicht parken.

16. Weil der erste Parkplatz überfüllt war, haben wir den nächsten ....

17. Nach einem kleinen Hustenanfall konnte der Redner mit seinem Vortrag ....

18. Es besteht keine .... mehr.

19. Auf der .... zu unserem Urlaubsort gab es einige kleine Staus, aber auf der .... lief alles glatt.

20. Warum hat dein Chef dich so ....?

21. Nach einer kleinen Pause sind wir ....

22. Das ist eine .... Situation.

> wegfahren, anfahren (2), Rückfahrt, Abfahrt, Vorfahrt, widerfahren, Gefahr, verfahren (2), Ausfahrt, fortfahren, überfahren, zufahren, Fahrt, weiterfahren, befahren, umfahren, befahrbar, abfahren, Durchfahrt, Hinfahrt

24. Das Wortfeld „Berufe":

1. Eine .... unterrichtet Grundschüler.

2. Ein .... repariert Schuhe.

3. Ein .... vertritt die rechtlichen Interessen von Klienten.

4. Ein .... entwirft Pläne für Bauwerke und beaufsichtigt deren Ferigstellung.

5. Ein .... hat an einer Hochschule ein Studium der Technik abgeschlossen.

42

6. Ein .... baut Gemüse und Blumen für den Verkauf an.

7. Dank meines .... kann ich mich wieder normal bewegen.

8. Braucht man eine Brille, geht man zum ....

9. Ein .... bringt einem das Autofahren bei.

10. Ein .... ist der Betreiber oder Eigentümer eines Hotels.

11. Ein .... stellt beruflich Schmuck her und verkauft ihn.

12. Ein .... reinigt beruflich Schornsteine.

13. Der .... hat mir ein neues Hüftgelenk eingesetzt.

14. Der .... handelt mit Immobilien.

15. Der .... spricht das Urteil.

16. Der .... repariert Autos.

17. Der .... schließt Geräte an und verlegt Rohre und Leitungen.

18. Der .... steht an der Spitze der Stadtverwaltung.

19. Der .... ist der Vorsteher eines Klosters.

20. Ein .... ist der Leiter eines Gymnasiums.

21. Eine .... hilft bei Geburten.

22. Sieht man nicht gut, geht man zum ....

23. Der .... schlachtet Tiere und verabeitet das Fleisch.

24. Der .... fertigt Möbel aus Holz.

Bürgermeister, Fahrlehrer, Physiotherapeut, Lehrerin, Chirurg, Schuhma- cher, Makler, Automechaniker, Richter, Optiker, Direktor, Hotelier, Abt, Augenarzt, Rechtsanwalt, Architekt, Ingenieur, Fleischer, Gärtner, He- bamme, Schreiner, Juwelier, Installateur, Schornsteinfeger

25. Die Wortfamilie „sprechen":

1. Italienisch ist eine romanische ....

2. Was man ...., muss man auch halten.

3. Ich kann dieses Wort nicht ....

4. Die .... ist in Klammern angegeben.

5. Das Ergebnis .... nicht unseren Erwartungen.

6. Diese Ansagerin .... sich nie.

7. Dieser Roman wurde kürzlich in der Zeitung ....

8. Der Plan wurde in allen Einzelheiten ....

9. Wie wird dieses Wort ....?

10. Wir müssen den Termin noch mit den anderen Kollegen ....

11. Das Sorgerecht für die Kinder wurde der Mutter ....

12. Die Schauspielschülerin musste bei der Prüfung einen Mono- log ....

13. Diese Studentin hat eine hervorragende französische ....

14. Das war ein lustiger .... des Moderators.

15. Als ich das hörte, war ich vor Schreck ....

16. Die .... findet morgen um 10 Uhr statt.

17. Ich kann diesen .... nicht mehr hören.

18. Unser Direktor hat eine kurze .... gehalten.

19. Die Sache ist noch lange nicht ....

20. Der Angeklagte hat sich in .... verwickelt.

21. Den guten Willen kann man ihm nicht ....

22. Der Mann hat mich auf der Straße ....

23. Diese Lokal hat großen ....

24. Der Vorgesetzte stellt hohe .... an seine Mitar-
    beiter.

Spruch, Versprecher, besprechen, Ansprache, spruchreif, sprachlos, absprechen (2), Aussprache (2), versprechen (2), vorsprechen, entspre-
chen, Anspruch, Widerspruch, Besprechung, ansprechen, zusprechen,
aussprechen (2), Zuspruch, Sprache, durchsprechen

---

26. Wie lautet das Verb?

1. Sie haben versucht, ihn .... (schüchtern), aber
   es ist ihnen nicht gelungen.

2. Die Lage hat sich .... (besser).

3. Die Krankheit hat ihn sehr .... (schwach).

4. Ich möchte meine Sprachkenntnisse ....
   (frisch).

5. Die Wäsche lässt sich besser bügeln, wenn man sie ein wenig .... (feucht).

6. Das könnte unsere Arbeit .... (leicht).

7. Du musst dieses Formular .... (voll).

8. Der Verdacht hat sich .... (stark).

9. In den letzten Jahren ist sie sehr .... (alt).

10. Wenn man nichts tut, ... (langweilig) man sich.

11. Der Junge hatte sich unbemerkt von der Gruppe .... (fern).

12. Ich muss die Hose 2 cm .... (kurz).

13. Wir haben uns leider .... (spät).

14. Schon wieder wurde die Miete .... (hoch).

15. .... (ruhig) dich!

16. Heute bin ich schon um 5 Uhr .... (wach).

17. Man müsste den Weg an dieser Stelle etwas .... (breit).

18. Reisen .... (weit) den Horizont.

19. Vergiss nicht, den Fahrschein zu .... (wert).

20. Sie hat ihn keines Blickes .... (würdig).

21. Die Fotos waren ganz .... (gelb).

22. Das Mädchen war ganz in die Lektüre .... (tief).

23. Du musst das Brett mit Sandpapier .... (rau).

24. Der Schriftsteller hat Angst zu .... (blind).

25. Ich fühle mich in meiner Freiheit .... (eng).

26. Die Gerüchte haben sich .... (dicht).

27. Sie dürfen die Rechnung von 28,90 Euro auf 30 Euro
    .... (rund).

28. Der Verdacht hat sich .... (hart).

29. Der Kaffee ist mir zu stark; ich muss ihn etwas ....
    (dünn).

30. Über diese Nachricht habe ich mich sehr .... (froh).

31. Leider wurde mein Arbeitsvertrag nicht .... (lang).

32. Man kann die Soße mit etwas Sahne .... (fein).

33. Hören Sie bitte auf, mich zu .... (lästig).

27. Wie lautet der übergeordnete Begriff?

1. Hammer, Beißzange, Säge   - ....

2. Apfel, Birne, Orange   - ....

3. Fußball, Hockey, Fechten   - ....

4. Teller, Tasse, Schüssel   - ....

5. Messer, Gabel, Löffel   - ....

6. Tisch, Schrank, Sessel   - ....

7. Zucchini, Blumenkohl, Erbsen   -   ....

8. Ring, Halskette, Armreif   -   ....

9. Gitarre, Flöte, Cello   -   ....

10. Eisen, Gold, Silber   -   ....

11. Schreiner, Lehrer, Apotheker   -   ....

12. Bleistift, Füller, Kugelschreiber   -   ....

13. Zug, Bus, Auto, Flugzeug   -   ....

14. Pferd, Barren, Reck   -   ....

15. Haschisch, Heroin, Kokain   -   ....

16. Roman, Märchen, Gedicht   -   ....

17. Dollar, Euro, Pfund   -   ....

18. Bluse, Rock, Anzug, Kleid   -   ....

28. Wie lautet der entsprechende adverbiale Ausdruck?

Beispiel: zufällig – durch Zufall

1. anfänglich   -   ....

2. zweifellos   -   ....

3. durchschnittlich   -   ....

4. sicherlich   -   ....

5. tatsächlich   -   ....

6. absichtlich - ....

7. versehentlich - ....

8. notfalls - ....

9. glücklicherweise - ....

29. Wie lautet das Adjektiv?

1. .... Diskussionen sind Diskussionen, die kein Ende nehmen.

2. Eine .... Hausfrau ist eine Hausfrau, die wenig Geld verbraucht.

3. Ein .... Mensch ist ein Mensch, der nur an sich denkt.

4. Eine .... Lehrerin ist eine Lehrerin, die ihren Schülerinnen und Schülern viel Verständnis entgegenbringt.

5. Ein ....Geschäftsmann ist ein Geschäftsmann, der viele Erfolge aufzuweisen hat.

6. Ein .... Fahrer ist ein Fahrer, der auf andere Verkehrsteilnehmer keine Rücksicht nimmt.

7. Ein .... Kollege ist ein Kollege, der immer bereit ist zu helfen.

8. Ein .... Mensch ist ein Mensch, der die Wahrheit sagt und nichts verschweigt.

9. Ein .... Mitarbeiter ist ein Mitarbeiter, auf den man sich verlassen kann.

10. Eine .... Schilderung ist eine Schilderung, die der Wirklichkeit nahe kommt.

11. Ein .... Wochenende ist ein Wochenende, an dem man sich erholen kann.

12. Eine .... Krankheit ist eine Krankheit, die man nicht heilen kann.

13. Eine .... Handschrift ist eine Handschrift, die man (fast) nicht lesen kann.

14. Ein leicht .... Text ist ein Text, den man leicht verstehen kann.

15. Ein .... Phänomen ist ein Phänomen, das man nicht erklären kann.

16. Ein .... Zeuge ist ein Zeuge, dem man glauben kann.

17. Eine .... Person ist eine Person, die gern redet und ihre Gedanken mitteilt.

18. Ein .... Mensch ist ein Mensch, der keine Geduld hat.

19. Ein .... Ziel ist ein Ziel, das man erreichen kann.

20. Ein .... Unternehmen ist ein Unternehmen, das mit einem Risiko verbunden ist.

21. Ein .... Tag ist ein Tag, an dem es viel regnet.

22. Ein .... Mensch ist ein Mensch, der sich rücksichtslos mit Gewalt durchsetzt.

23. Ein .... Mensch ist ein Mensch, der nicht
viele Ansprüche stellt.

zuverlässig, erholsam, unleserlich, endlos, sparsam, realistisch, egoistisch, verständnisvoll, erfolgreich, unheilbar, erreichbar, unerklärlich, rücksichtslos, riskant, ungeduldig, regnerisch, glaubhaft, verständlich, gewalttätig, hilfsbereit, anspruchslos, ehrlich, mitteilsam

30. Welche Begriffe haben die gleiche Bedeutung?

1. das Präfix   a. der Fall

2. das Antonym   b. Wort mit gleicher Bedeutung

3. die Syntax   c. die Zeichensetzung

4. das Synonym   d. Nachsilbe

5. das Suffix   e. die Vorsilbe

6. das Prädikat   f. der Satzbau

7. die Interpunktion   g. das Gegenteil

8. das Adjektiv   h. das Geschlecht

9. das Genus   i. die Befehlsform

10. die Konjunktion   j. die Möglichkeitsform

11. die Präposition   k. die Beifügung

12. der Konjunktiv   l. das Bindewort

13. der Imperativ   m. der Satzgegenstand

14. das Semikolon   n. das Verhältniswort

15. der Kasus	o. die Satzaussage
16. das Adverb	p. das Umstandswort
17. das Attribut	r. der Strichpunkt
18. das Subjekt	s. das Eigenschaftswort

1... 2 ... 3 ... 4 ... 5 ... 6 ... 7 ... 8 ... 9 ... 10 ... 11 ... 12 ...
13 ... 14 ... 15 ... 16 ... 17 ... 18 ...

31. Was im Haushalt so alles passiert:

1. Der Wasserhahn ....

2. Der Abfluss ist ....

3. Das Bad ist ....

4. Die Sicherung ist ....

5. Der Eimer mit Putzwasser ist ....

6. Das Essen ist ....

7. Die Milch ist ....

8. Die Kaffeemaschine hat ....

9. Die Haushaltshilfe ist von der Leiter ....

10. Sie ist über ein Kabel ....

11. Sie ist auf den nassen Fliesen ....

12. Mama hat sich in den Finger ....

13. Die Tür ist zu. Ich habe mich ....

14. Die Wurst war ....

15. Die Tulpen sind ...., weil ich vergessen hatte, sie zu gießen.

16. Die Pizza ist ....

überschwemmen, stolpern, den Geist aufgeben, anbrennen, umkippen, eingehen, verstopfen, überlaufen, tropfen, aussperren, schneiden, verbrennen, verschimmeln, ausrutschen, herausfallen, stürzen

---

32. Die Wortfamilie „brechen":

1. Dieses Ereignis führte zum .... der diplomatischen Beziehungen.

2. Mir wurde schlecht und ich musste mich ....

3. Das ist schon der dritte .... in unserer Nachbarschaft.

4. Das ist doch kein ....! Das ist doch nicht so schlimm!

5. Mit diesem Roman gelang dem Autor der ....

6. Das sind die .... des Alters.

7. An seiner Untreue ist die Ehe schließlich ....

8. Die Partie musste wegen einer schweren Verletzung 10 Minuten .... werden.

9. Wir befinden uns in einem gewaltigen gesellschaftlichen ....

10. Ihr Sohn hat sein Studium .... und einen handwerklichen Beruf ergriffen.

11. Trotz der vielen Schicksalsschläge, die er hinnehmen musste, ist sein Lebenswille ....

12. Was hat der Junge denn schon wieder ....?

13. In der Innenstadt ist der Verkehr völlig ....

14. Nach einer kurzen .... wurde die Verhandlung fortgesetzt.

15. Das zehn Jahre zurückliegende .... konnte schließlich doch noch aufgeklärt werden.

16. Zwei Häftlingen ist der .... aus dem Gefängnis gelungen.

17. Du kannst dir von der Schokolade ein Stück ....

abbrechen (2), Umbruch, ungebrochen, Verbrechen, verbrechen, erbrechen, Gebrechen, Ausbruch, zusammenbrechen, Einbruch, Unterbrechung, zerbrechen, Durchbruch, Abbruch, Beinbruch, unterbrechen

33. Die Wortfamilie „werfen"

1. Das ist ein erster .... der Novelle.

2. Der Politiker hat den gegen ihn erhobenen .... scharf zurückgewiesen.

3. Seine Frau sah .... aus.

4. Aufgebrachte Demonstranten haben den Redner mit Tomaten ....

5. Mit diesem Film ist dem Regisseur der große .... gelungen.

6. Der Patient hatte einen blutigen ....

7. Ich habe die Überweisung bei der Bank ....

8. Was hat der Vater dem behandelnden Arzt ....?

9. Zwischen Schwiegervater und Schwiegersohn ist es zum
.... gekommen.

10. Der .... hätte zehn Meter weiter hinten er-
folgen müssen.

11. Dieses Jahr hat das Geschäft hohe Gewinne ....

12. Sie haben ihn wegen seiner Unpünktlichkeit ....

13. Wegen dieser Sache hat sich ihr Sohn mit seinen Schwieger-
eltern ....

umwerfend, Einwurf, vorwerfen, Wurf, Vorwurf, einwerfen, Zerwürfnis,
abwerfen, überwerfen, Auswurf, hinauswerfen, Entwurf, bewerfen

34. Die Wortfamilie „setzen":

1. Du kannst mich dort an der Ecke ....

2. Als ich die Rechnung sah, war ich ....

3. Die Toilette war ....

4. Der Handwerker hat uns schon dreimal ....

5. Dieses Metall wird durch Säure ....

6. Die Idee ist sehr gut, aber es wird schwierig sein, sie in die Tat
....

7. Der .... unseres Unternehmens ist im Jahr
2016 um 6,2 % gestiegen.

8. Die Scheidung hat ihm ganz schön ....

9. Es ist nicht auszuschließen, dass unser Sohn dieses Jahr nicht .... wird.

10. Der Vertrag wurde um zwei .... ergänzt.

11. Ich trage gern Schuhe mit hohen ....

12. Die Rolle war meiner Meinung nach falsch ....

13. Viele Lebensmittel enthalten .... wie Farbstoffe und Konservierungsmittel.

14. Mein Arzt sagte mir, ich könne das Medikament ....

15. Die Reisekosten werden mir natürlich ....

16. Die Feuerwehrleute haben die Bewohner unter .... ihres Lebens gerettet.

17. Wir haben für den ausscheidenden Mitarbeiter noch keinen .... gefunden.

18. Zwei Läufern ist es gelungen, sich in der letzten Runde vom Hauptfeld ....

19. Da Martin und Paul sich überhaupt nicht vertragen, habe ich sie ....

20. Hast du für das neue Jahr irgendwelche .... gefasst?

21. Das .... tritt erst nächstes Jahr in Kraft.

22. Wir müssen uns mal .... und in aller Ruhe über die Angelegenheit reden.

23. .... dich einmal in seine Lage.

24. Dieser Lehrer kann sich einfach nicht ....

25. Diesem Argument hatte er nichts ....

Gesetz, Absatz, besetzen (2), Umsatz, zusetzen, ersetzen, entsetzen,
Einsatz, Vorsatz, zusammensetzen, Zusatz (2), umsetzen, absetzen (3),
entgegensetzen, versetzen (3), durchsetzen, auseinandersetzen, Ersatz,
zersetzen

35. Vulgärer Ausdruck – Neutraler Ausdruck:

1. Er hat ihn zur Sau gemacht.   a. Er hat sich übergeben.

2. Leck mich am Arsch!   b. Er fällt mir äußerst lästig.

3. Er hat sie verarscht.   c. Er hat ihn scharf getadelt.

4. Er hat ihn umgelegt.   d. Er hat ihn betrogen.

5. Er geht mir auf den Sack.   e. Lass mich in Ruhe!

6. Er hat ihn beschissen.   f. Er hat ihn ermordet.

7. Kein Schwanz war da.   g. Er hat sie veralbert.

8. Er hat gekotzt.   h. Niemand war anwesend.

1... 2 ... 3 ... 4 ... 5 ... 6 ... 7 ... 8 ...

36. Rezept.

Mexikanischer Maiseintopf (für 4 Personen)

Zutaten:

500 gr   mageres Rindsgulasch
1   Markknochen
25 gr   Öl

250 gr	Zwiebeln
je 1 Prise	Salz, Pfeffer, Rosenpaprika
1	Knoblauchzehe
je 1 Prise	Majoran, Nelkenpulver, gemahlenen Kümmel
375 gr	rote Paprika
500 gr	Dosentomaten
375 gr	Mais
1 Flasche	Rotwein

Zubereitung:

Zwiebeln und Knoblauch ....(1), fein ....(2)
und im heißen Öl ....(3). Fleisch und Markknochen
...................(4) und ....(5) . Den Markknochen
dann wieder ....(6) . Etwas Rotwein ....(7),
...................(8), zugedeckt ca. 1 Stunde ....(9).
Hin und wieder verkochte Flüssigkeit ....(10) . Die
Paprika in Streifen ....(11), separat ....(12).
Am Schluss zusammen mit Dosentomaten und Mais unter das Gu-
lasch ....(13). Nochmals ....(14).

Guten Appetit!

ersetzen, heben, schälen, schneiden, abschmecken, hacken, andünsten, angießen, garen, zugeben, würzen, anbraten, entfernen, dünsten

37. Das Wortfeld „Straftaten":

1. Kennedy wurde ....

2. Der Mann hat sich an kleinen Jungen ....

3. Der Angeklagte gestand, Zigaretten im Wert von über 500000
   Euro .... zu haben.

4. Der Frau wurde die Handtasche aus dem Fahrradkorb
   ....

5. Bei uns wurde vor einigen Jahren ....

6. Der Junge des Industriellen wurde .... und trotz Zahlung eines Lösegelds ....

7. Das Mädchen wurde auf einer Party von zwei Jungen ....

8. Die Täter haben versucht, eine zweistellige Millionensumme von dem Geschaftsmann zu ....

9. Der Fahrer hat versucht, den Zöllner zu ....

10. Eine Gruppe Jugendlicher hat den Mann auf dem Nachhauseweg .... und ....

11. Der Mann hat die junge Frau in der Straßenbahn ....

12. Die Terroristen haben ein Flugzeug ....

13. Der Verwalter wurde angeklagt, eine größere Summe .... zu haben.

14. Die Frau wurde von dem Heiratsschwindler um mehrere tausend Euro ....

15. Die Unterschrift war offenbar ....

16. Der Täter hat dem Mann unvermittelt ins Gesicht ....

17. Der Mann wurde mit einem Hammer ....

18. Der Kassierer hat Geld ....

19. Der Präsident hat sein Amt ....

20. Der Unternehmer hat Millionen Steuergelder ....

21. Der Mob versuchte, den Mann zu ....

schmuggeln, entführen (2), ermorden, erpressen, vergehen, fälschen, ausrauben, stehlen, bedrohen, belästigen, schlagen, einbrechen, betrügen, töten, missbrauchen, erschlagen, veruntreuen, vergewaltigen, überfallen, lynchen, hinterziehen, bestechen, unterschlagen

38. Verbinden Sie den umgangssprachlichen mit dem neutralen Ausdruck:

1. kapieren   a. eine Sache sofort beenden

2. sich mit jdm. anlegen   b. Angst haben

3. sich auf die Socken machen   c. sich auffällig benehmen

4. auf etw. pfeifen   d. strenger werden

5. pleite sein   e. verstehen

6. anschaffen gehen   f. misslingen

7. die Notbremse ziehen   g. keinen Wert auf etw. legen

8. wie ein Ochs vorm Berg stehen h. mit jdm. Streit beginnen

9. alt aussehen   i. schlafen gehen

10. eine Schau abziehen   j. sich prostituieren

11. in die Hose gehen   k. krank sein

12. auf dem Trockenen sitzen   l. nicht weiterwissen

13. andere Saiten aufziehen   m. von etw. begeistert sein

14. Schiss haben   n. werfen

15. in die Röhre gucken   o. etw. spendieren

16. sich aufs Ohr hauen	p. vergessen
17. auf der Nase liegen	q. losgehen
18. auf etw. abfahren	r. kein Geld mehr haben
19. sich verknallen	s. ratlos sein
20. (einen Termin) versieben	t. leer ausgehen
21. schmeißen	u. sich verlieben
22. etw. springen lassen	v. bankrott sein

1. ..... 2. ..... 3. ..... 4. ..... 5. ..... 6. ..... 7. ..... 8. ..... 9. ..... 10. .....
11. ..... 12. ..... 13. ..... 14. ..... 15. ..... 16. ..... 17. ..... 18. ..... 19. .....
20. ..... 21. ..... 22. .....

39. Das Wortfeld „Grammatik":

1. „gehen, lernen, zahlen" sind ....

2. „gern, leider, immer" sind ....

3. „weil, obwohl, indem" sind ....

4. „auf, unter, neben" sind ....

5. „Buch, Tisch, Kind" sind ....

6. „ich, dieser, dein" sind ....

7. „fünf, dritter, zweimal" sind ....

8. „groß, schmal, dick" sind ....

9. „Präsens, Präteritum" sind ....

10. „Subjekt, Objekt" sind ....

11. e, b. f, i, r sind ....

12. a, e, i, o u sind ....

13. b, d, g, l, m sind ....

14. Komma, Punkt, Strichpunkt sind ....

15. können, sollen, müssen sind ....

16. maskulin, feminin, neutrum sind ....

Adjektive, Tempora, Konjunktionen, Vokale, Präpositionen, Zahlwörter, Satzglieder, Konsonanten, Verben, Satzzeichen, Genera, Pronomen, Modalverben, Buchstaben, Adverbien, Substantive

---

40. Welches Verb passt?

1. Eine zufällig anwesende Krankenschwester hat erste Hilfe
....

2. Um ein Haar hätten wir den Zug ....

3. Die Sitzung wurde um eine Woche ....

4. Zu Recht wurde der Spieler des Feldes ....

5. Die Ware ist noch nicht .... worden.

6. Unsere Firma hat 50 neue Arbeitskräfte ....

7. Diese Stelle wird neu ....

8. Mein Chef ist bereit, sich der Angelegenheit ....

9. Man muss sich auf das Wesentliche ....

10. Gegen dieses Gesetz wird ständig ....

11. Ich werde mich um die Sache ....

12. Der Minister hat sein Amt ....

annehmen, verpassen, niederlegen, verweisen, verstoßen, beschränken,
verschieben, leisten, einstellen, kümmern, liefern, besetzen

41. Das Verb „schreiben" und Komposita:

1. Können Sie den Täter ....?

2. Du hast die Lösung von deinem Nachbarn ....

3. .... Sie bitte hier unten.
4. Ich werde Ihnen ein neues Mittel ....

5. Ich lasse mir nicht ...., was ich zu tun habe.

6. Dieser Pflanze wird eine heilende Wirkung ....

7. Ihre Eltern haben ihr das Haus ....

8. Die Stelle muss neu .... werden.

9. Hast du dir seine neue Adresse ....?

10. Ich werde die Lateinarbeit nicht ....

11. Der Reisende hat seine Erlebnisse in einem Heft
    ....

12. Ich habe wegen dieser Angelegenheit das Finanzamt
    ....

13. Du könntest ihr wieder einmal ....

vorschreiben, verschreiben, mitschreiben, zuschreiben, unterschreiben, niederschreiben, abschreiben, aufschreiben, ausschreiben, schreiben, anschreiben, überschreiben, beschreiben

42. Formen Sie nach folgendem Beispiel um:

ein Substantiv flektieren – die Flexion eines Substantivs

1. einen Zahn extrahieren ....

2. eine Leiche obduzieren ....

3. ein Buch rezensieren ....

4. ein Urteil revidieren ....

5. Kosten reduzieren ....

6. eine Zahl verifizieren ....

7. ein Gebiet annektieren ....

8. Anglistik studieren ....

9. eine Klassenarbeit korrigieren ....

10. einen Text publizieren ....

11. ein Fahrrad reparieren ....

12. eine verdächtige Person observieren ....
....

13. einen Satz analysieren ....

14. ein Substantiv deklinieren ....

15. die Heizung inspizieren ....

16. die Rechnung kopieren ....

17. einen Plan konzipieren ....

43. Wie lautet das Sprichwort?

1. Aller .... ist schwer.

2. .... haben kurze Beine.

3. .... gut, alles gut.

4. Der frühe Vogel fängt den ....

5. .... machen Leute.

6. Aus den Augen, aus dem ....

7. Jeder .... hinkt.

8. Schlafende .... soll man nicht wecken.

9. .... macht den Meister.

10. Neue .... kehren gut.

11. Wo ein .... ist, ist auch ein Weg.

12. Über .... lässt sich nicht streiten.

13. Wenn die .... aus dem Haus ist, tanzen die .... auf dem Tisch.

14. Alte .... rostet nicht.

15. Überall gibt es schwarze ....

16. Andere Länder, andere ....

17. .... regiert die Welt.

18. Die Liebe geht durch den ....

19. .... macht Diebe.

20. .... ist aller Laster Anfang.

21. .... ist der beste Koch.

22. .... geht über Reichtum.

23. .... ist Geschäft.

24. Viele .... verderben den Brei.

25. Ohne .... kein Preis.

26. Keine .... ohne Dornen.

Geld, Geschmack, Katze, Sitte, Übung, Kleid, Wille, Anfang, Müßiggang,
Ende, Lüge, Hund, Liebe, Maus, Schaf, Zufriedenheit, Magen, Wille, Gelegenheit, Geschäft, Fleiß, Besen, Hunger, Rose, Vergleich, Wurm, Sinn

44. Wie heißt das Substantiv?

1. die Knie-   a. winkel

2. die Augen-   b. nagel

3. die Zahn-   c. läppchen

4. der Mund-   d. fläche

5. die Fuß-   e. beuge

6. der Finger-   f. bein

7. die Hand-   g. scheibe

8. das Ohr-   h. loch

9. das Nasen-   i. lücke

10. die Arm-   j. braue

11. das Waden-   k. sohle

1. ..... 2. .... 3. .... 4. ..... 5. ..... 6. .... 7. ..... 8. ..... 9. ..... 10. ..... 11. ......

45. Wer ist gesucht?

1. Ein .... ist jemand, der in einer Zeitung inseriert.

2. Ein .... ist jemand, der simuliert/ eine Krankheit vortäuscht.

3. Ein .... ist jemand, der andere denunziert.

4. Ein .... ist jemand, der etwas konsumiert.

5. Ein .... ist jemand, der versucht, geheime Informationen zu bekommen.

6. Ein .... ist jemand, der mit Aktien oder Immobilien spekuliert.

7. Ein .... ist jemand, der eine Zeitung oder Zeitschrift abonniert hat.

8. Ein .... ist jemand, der Aktien besitzt.

9. Ein .... ist jemand, der ein Praktikum absolviert.

10. .... sind Gegner, die sich in einem politischen oder sportlichen Kampf gegenüberstehen.

11. Ein .... ist jemand, der z.B. der Polizei Informationen gibt.

12. Ein .... ist jemand, der an einer Dissertation arbeitet, um den Doktortitel zu bekommen.

13. Eine .... ist eine Jugendliche, die sich gerade auf die Konfirmation vorbereitet.

14. Ein .... ist jemand, der etwas kaufen oder mieten will.

46. Das Wortfeld „Insekten":

1. Fliegende .... ähneln kleinen Hubschraubern.

2. Der .... hat rote Flügel mit schwarzen Punkten.

3. Der Imker züchtet ....

4. Ich bin von einer .... gestochen worden.

5. Die .... sticht und saugt Blut.

6. In unserem Garten wimmelt es von ....

7. .... ist auch eine Bezeichnung für ein Modell der Firma „Volkswagen".

8. Tim kann nicht ruhig sitzen; er hat .... im Hintern.

9. Eine .... ist größer als eine Wespe.

10. Auf dem faulen Apfel sitzen viele ....

11. Unser Hund hat ....

12. Ich habe Svens Kopf nach .... abgesucht; er hat Gott sei Dank keine.

13. In dieses Bett lege ich mich nicht. Es ist ja voller ....

Libelle, Hornisse, Wespe, Mücke, Ameise, Käfer, Hummel, Laus, Biene, Fliege, Floh, Wanze, Marienkäfer

---

47. Das Wortfeld „Geld":

1. Geld .... die Welt.

2. Ich bin knapp bei ....

3. Können Sie mir auf 50 Euro ....?

4. .... macht nicht glücklich, aber es beruhigt.

5. Es tut mir leid, ich habe kein ....

6. Wir zahlen immer ....

7. Den Fernsehapparat haben wir auf .... gekauft.

8. Seine Eltern .... im Geld.

9. Er wirft das Geld aus dem .... hinaus.

10. Wir kommen gerade so über die ....

11. Ihr Mann gibt ein .... für Bücher aus.

12. Es ist zurzeit viel .... im Umlauf.

13. Mein Opa sammelt ....

14. Geld .... nicht.

15. Das kostet einen .... Geld.

16. .... ist ungesetzlich erworbenes und nicht versteuertes Geld.

17. Das kostet eine .... Geld.

18. Ihr Sohn kann nicht mit Geld ....

19. Diese Frau hat es nur auf sein Geld ....

20. Seine Eltern haben Geld wie ....

Falschgeld, Geld, Münze, Kasse, herausgeben, Haufen, Kleingeld, stinken, Schwarzgeld, Fenster, absehen, bar, Rate, Stange, schwimmen, Heu, regieren, umgehen, Runde, Vermögen

---

48. Um welche Kräuter und Gewürze geht es?

1. der Pf ....   2. das Sa ....

3. der Knob.........   4. die Muskat.........

5. der Sen.........   6. der Rosm.........

7. der Schnittl.........   8. die Peters.........

9. der Thym.........   10. das Basi.........

11. der Oreg……… 12. der Fen………

13. der Majo……… 14. die Min………

15. der Kori……… 16. der Ker………

17. der Estra……… 18. der Di………

19. der Salb………

49. Das Verb „suchen" + Komposita:

1. Was haben Sie hier zu …………………?

2. Du kannst dir ein Geschenk …………………

3. Der Arzt hat mich gründlich …………………

4. Die Einsatzkräfte haben die ganze Gegend …………………, aber nichts gefunden.

5. Ich muss unbedingt einen Orthopäden …………………

6. Morgen ………………… uns unsere Tochter.

7. Wir haben …………………, unseren Kollegen zu überzeugen, aber ohne Erfolg.

8. Die Mitarbeiterin hat um ihre Versetzung in eine andere Abteilung …………………

9. Der Bürgermeister hat die Landesregierung um eine Auskunft …………………

10. Die Spurensicherung hat die ganze Wohnung …………………

11. Hast du schon diesen Nudelsalat …………………

ersuchen, besuchen, durchsuchen, untersuchen, absuchen, aufsuchen,
nachsuchen, suchen, versuchen (2), aussuchen

50. Wie lautet der Vorname?

1. Sie wollen mir den Schwarzen .... zuschieben.

2. Sein Sohn ist frech wie ....

3. Der Chef hat ihn zur .... gemacht.

4. So einen Wagen kann sich .... Normalverbraucher
   nicht leisten.

5. Was .... nicht lernt, lernt .... nimmermehr.

6. Er trug einen blauen ....

7. Am besten hat mir im Zirkus der dumme .... gefallen.

8. Seine Frau ist eine richtige ....

Xanthippe, Peter, Minna, Oskar, August, Anton, Hänschen, Hans, Otto

51. Wie lautet der fehlende Tiername?

1. ....eschwanz

2. ....stage

3. Wasser...........

4. Suppen...........

5. Nacht...........

6. ....fladen

7. ....sohr

8. Schmutz...........

9. ....nhaufen   10. ....sbrücke

11. Bücher...........   12. Neid...........

13. Angst...........   14. ....nanteil

15. Pech...........   16. ....enhunger

Esel (2), Eule, Huhn, Hammel, Hund, Wurm, Hase, Pferd, Fink, Kuh, Ratte, Löwe, Bär, Vogel, Ameise

52. Ersetzen Sie die Verben durch ein Synonym:

1. Pauls Vater lehrt/ .... an einem Gymnasium.

2. Ich möchte diese Bilder verkaufen/ ....

3. Seine Frau trug/ .... an diesem Abend ein blaues Kleid.

4. Wir befassen/ .... uns schon seit längerer Zeit mit dieser Sache.

5. Die beiden Mädchen stritten/ .... sich um die Puppe.

6. Ich habe leider den Bus versäumt/ ....

7. Der Lehrer hat den Schüler beim Abschreiben ertappt/ ....

8. Der Mann hat Selbstmord begangen/ ....

9. Warum hat man diesen Kollegen entlassen/ ....?

10. Die Partei hat ein gutes Ergebnis erreicht/ ....

11. Was hast du dem Angestellten auf diese Frage geantwortet/ ....?

12. Wann hast du dieses Schreiben bekommen/ ....?

13. Die Preise steigen/ ....

14. Das Betreten der Baustelle ist streng verboten/ ....!

15. Es ist ihm etwas Schlimmes passiert/ ....

16. Der Kunde beharrt/ .... auf seinem Recht.

---

zanken, erwischen, verpassen, unterrichten, erzielen, veräußern, untersagen, kündigen, anhaben, erhalten, verüben, erwidern, zustoßen, bestehen, beschäftigen, anziehen

---

53. Ergänzen Sie die fehlenden Adjektivendungen:

1. ein seri.......... Angebot

2. ein form.......... Schreiben

3. ein risk.......... Unternehmen

4. eine katastroph.......... Leistung

5. eine rom.......... Sprache

6. ein mod.......... Kleid

7. ein luxu.......... Bad

8. eine teleg.......... Person

9. ein konserv.......... Abgeordneter

10. eine drakon………. Maßnahme

11. ein epoch………. Ereignis

54. wieder – wider

1. Meinem Freund ist etwas Schlimmes …………fahren.

2. Wie gibt man das im Italienischen …………?

3. Können Sie das bitte …………holen?

4. Das Licht der Lampen spiegelt sich im Wasser …………

5. Das ist ………… den gesunden Menschenverstand.

6. Seine Schritte hallten in dem leeren Saal …………

7. Wir haben unsere Zusage …………rufen.

8. Was kann man darauf er…………n?

55. Die Wortfamilie „stellen":

1. Wo soll ich die Vase ………………?

2. Dieses Gericht habe ich nicht ………………

3. Der ganze Raum war mit Möbeln ………………

4. Der Gebäudekomplex war von Polizisten ………………

5. Du musst dich hinten ………………

6. Weil er seine Rechnungen nicht bezahlt hat, haben sie ihm das Gas ………………

7. Ich habe ihm gesagt, er soll sich nicht so dumm ………………

8. Wo hast du dein Auto ………………?

9. Wir können die Reise nicht antreten; deshalb habe ich das Hotelzimmer ....

10. Zuvor muss noch ein Gutachten .... werden.

11. Der Arzt hat bei ihm einen Leistenbruch ....

12. Ich möchte ...., dass ich mit dieser Angelegenheit nichts zu tun habe.

13. So hatte ich mir die Arbeit nicht ....

14. Wir haben uns unter einem Vordach ....

15. Was .... Sie mir da?

16. Mein Chef hat mich für diesen Lehrgang ....

17. Wir müssen uns auf einige Veränderungen ....

18. Den Sitz kann man auch ....

19. Darf ich Ihnen meine Frau ....?

20. Wir haben die Möbel etwas ....

21. Wo werden diese Maschinen ....

22. Mein Arzt hat mir ein neues Rezept ....

23. Für dieses Projekt will die Regierung 30 Millionen Euro ....

---

abbestellen, umstellen (2), anstellen (2), bestellen, erstellen, feststellen, unterstellen (2), klarstellen, freistellen, abstellen (2), einstellen, hinstellen, bereitstellen, verstellen, ausstellen, herstellen, vorstellen (2), zustellen

56. Vom Substantiv zum Verb:

1. Komm, lass dich .... (Arm).

2. Der Bericht .... auf unbestreitbaren Tatsachen (Fuß).

3. Er hat seinen Gegner nach nur einer Minute .... (Schulter)

4. Die Frau .... vor dem Altar und betete (Knie).

5. Ich muss noch meine Beine .... (Haar).

6. Der Betrunkene .... an der Tür, fand aber das Schloss nicht (Finger).

7. Mein Chef .... (Nase).

8. Ich habe mit Salbei .... (Gurgel).

9. Unser Baby .... (Zahn).

10. Schlangen .... sich (Haut).

11. Dieser Schüler .... sich mit seinen Noten (Brust).

12. Mir haben sie diese unangenehme Aufgabe .... (Hals).

57. Die Wortfamilie „stehen":

1. Das habe ich nicht ....

2. .... dich ja nicht, ohne meine Erlaubnis mein Auto zu benutzen!

3. Anstatt faul ...., könntest du mir zur Hand gehen.

4. Dieses Geld müsste ihm ....

5. Unser Neffe hat die Prüfung mit Auszeichnung ....

6. Diese schwierige Zeit haben wir gemeinsam ....

7. Diese Enzyklopädie habe ich preiswert ....

8. Schließlich hat der Angeklagte ...., den Mord begangen zu haben.

9. Ich .... darauf, dass mir der Kaufpreis erstattet wird.

10. Auf diese Weise ist der Firma großer Schaden ....

11. Bitte halten Sie ....

12. Für ein solches Verhalten habe ich kein ....

13. Der Patientin geht es den .... gut.

14. Man sollte einen solchen Wein mit .... trinken.

15. Der .... an Vorräten ist ausreichend.

16. Das Auto ist in tadellosem ....

17. Der Kerl hat keinen ....

18. Das ist aber eine sehr .... Vorgehensweise.

19. Auf dem Weihnachtsmarkt gibt es .... mit Krippen und Holzfiguren.

20. Dieser Schüler stört .... den Unterricht.

21. Ich habe sehr .... Eltern.

22. Man muss für seine Fehler ....

23. Gestern hat unser neuer Kollege seinen .... ge-
    geben.

umständlich, verständnisvoll, Verstand, verstehen, Stand, Verständnis, unterstehen, herumstehen, zustehen, entstehen, ständig, bestehen
(2), durchstehen, Einstand, Anstand, erstehen, gestehen, Abstand, Um-
stand, Bestand, Zustand, einstehen

58. Die Wortfamilie „führen":

1. Bayern München .... die Tabelle ....

2. Die Mädchen wurden von Terroristen ....

3. Die Polizei hat den Täter in Handschellen ....

4. Wo .... diese Straße ....?

5. Dieses Projekt soll nun doch .... werden.

6. Worauf ist diese Krankheit ....?

7. Sie legte es darauf an, ihn zu ....

8. Man muss ein polizeiliches ....szeugnis vorlegen.

9. Ich bin sicher, dass dieses Werk auch von seinem Nachfolger
   .... wird.

10. Der Erlös wird einem gemeinnützigen Zweck ....

11. Wir haben eine ordentliche .... bekommen.

12. Ein Mitarbeiter hat uns in der Bibliothek ....

13. Er wurde wegen guter .... drei Monate früher ent-
    lassen.

14. Das würde uns zu weit vom eigentlichen Thema ....

15. Real Madrid .... nach der ersten Halbzeit mit 2:0.

16. An welchem Theater wird dieses Stück ....?

---

wegführen, führen, anführen, herumführen, zurückführen, abführen, verführen, Abfuhr, durchführen, zuführen, Führung (2), aufführen, fortführen, entführen, hinführen

---

59. Wie lautet das Gegenteil?

1. Ein geiziger// .... Mensch.

2. Das ist erlaubt// ....

3. Das erschwert// .... unsere Arbeit.

4. Das ist sehr kompliziert// ....

5. Das sind erschwerende//.......................... Umstände.

6. Der Zug kam pünktlich// .... an.

7. Ich habe das Geschenk noch nicht eingepackt// ....

8. Das ist ein billiges// .... Produkt.

9. Zeichne eine horizontale// .... Linie.

10. Das ist ein niveauvoller// .... Film.

11. Mein Bruder ist ein Langschläfer//..........................

12. Das ist die beste// .... Lösung.

60. Die Wortfamilie „denken":

1. Ich .... mit Dankbarkeit an diese Zeit ....

2. Das war ein .... Tag.

3. Die Menschen .... der Opfer der terroristischen Anschläge.

4. Mein Vater saß im Sessel und machte ein .... Gesicht.

5. Ich muss über die ganze Sache noch einmal ...., bevor ich eine Entscheidung treffe.

6. Das ist ein .... für die Gefallenen der beiden Weltkriege.

7. Ich .... oft an dich.

8. Wir sollten das Problem noch einmal ....

9. Das ist ein faszinierender ....

10. Diese Reaktion kann man ihm nicht ....

11. Alle waren dieser Tatsache ....

12. Dieser Bronzeguss von Auguste Rodin heißt „Der ...."

13. Dieser Plan war nicht richtig ....

14. Smartphones sind aus dem Alltag kaum mehr ....

eingedenk, Denkmal, verdenken, nachdenklich, Gedanke, durchdenken, denkwürdig, denken, Denker, wegdenken, überdenken, nachdenken, zurückdenken, gedenken

61. Die Wortfamilie „liegen":

1. Die Firma befindet sich in einer schwierigen ....

2. Sie trug ein eng .... Kleid.

3. Auch die .... Ortschaften waren von dem Strom-ausfall betroffen.

4. Diese Vermutung ist in der Tat ....

5. Der Chef ist dem Charme seiner Sekretärin ....

6. Der Arzt .... der Schweigepflicht.

7. Die Erziehung der Kinder .... den Eltern.

8. Die Matratzen sind völlig ....

9. Fremdsprachen .... ihm nicht.

10. Eine Kopie der Rechnung .... dem Schreiben .....

11. Ich glaube, dass ein Irrtum .... hat.

12. Ich habe alle notwendigen .... eingereicht.

13. An mir soll es nicht ....

14. Die Rückzahlung kommt mir sehr ....

15. Das Dorf ist weit ....

naheliegen, erliegen, obliegen, durchliegen, unterliegen, liegen, anliegen, (2), abgelegen, Unterlage, Lage, gelegen, beiliegen, vorliegen, umliegend

62. Ersetzen Sie das Fremdwort durch ein Normalwort:

1. Sie hat sich die Beine epiliert/ ....

2. Der Zahn musste extrahiert/ .... werden.

3. In dieser Angelegenheit hat die Regierung falsch agiert/
   ....

4. Die Dame hat sich über das Verhalten des Herrn echauffiert/
   ....

5. Der Mann ist in der Straßenbahn kollabiert/ ....

6. Sie dinierten/ .... im Hotel Astor.

7. Dem Spieler gelingt es, seinen Mangel an Talent mit großem
   Einsatzwillen zu kompensieren/....................

8. Die Kosten für den Neubau des Rathauses waren falsch kalku-
   liert/ ....

9. Ich habe noch einen Neurologen konsultiert/ ....

10. Der Mieter insistiert/ .... auf seinem Recht.

11. Sie haben einen neuen Plan konzipiert/ ....

---

zusammenbrechen, zurate ziehen, bestehen, handeln, aufregen, aus-
gleichen, entwerfen, enthaaren, ziehen, berechnen, speisen

---

63. Die Wortfamilie „legen":

1. Ich bin müde; ich muss mich etwas ....

2. Wann haben Sie das Examen ....?

3. Die Fliesen werden nächste Woche ....

4. Wo habe ich meine Brille ....?

5. Ich habe mir einen neuen Laptop ....

6. Mein Kollege ist nie um eine Antwort ....

7. Welche Vorlesungen hast du dieses Semester ....?

8. Ich habe etwas Geld in Aktien ....

9. Sie war wütend und hat einfach ....

10. Es ist besser, sich nicht mit ihm ....

11. Es gab .... Brote und alkoholfreie Getränke.

12. Während der Schwangerschaft habe ich etliche Kilo
....

13. Der Minister hat sein Amt ....

14. Die Firma wurde schon vor Jahren ....

15. Der Schüler hat ein ärztliches Attest ....

16. Der Jäger hat drei Wildschweine ....

17. Die Kosten werden auf die Mieter ....

18. Da bringen Sie mich in große ....

19. Heute Morgen war unser Lehrer gut ....

20. Seine Zunge ist ....

21. Für Sonntagsarbeit bekommen wir eine ....

22. In welchem .... ist die Grammatik erschienen?

23. Bei .... der Quittung wird die Ware umgetauscht.

24. Frau Müller, haben Sie schon die .... gemacht?

25. Schließlich hat der Angeklagte doch noch ein Geständnis
....

26. Opa hat mir noch 100 Euro ...., damit ich mir das
Fahrrad kaufen kann.

27. Ich werde für dich beim Chef ein gutes Wort ....

28. Ich bitte dich, beim Essen das Handy ....

29. Beim Anfahren musst du den ersten Gang ....

30. Diese sanitären .... sind eine Katastrophe.

ablegen (2), verlegen (2), hinlegen (2), zulegen (2), belegen (2), anlegen (2), auflegen, Verlegenheit, Verlag, umlegen, niederlegen, Zulage, einlegen (2), drauflegen, weglegen, aufgelegt, Anlage, stilllegen, belegt, Vorlage, vorlegen, erlegen, Ablage

64. Das Verb „halten" + Komposita:

1. Beim Essen habe ich mich etwas ....

2. Der Artikel .... einige Orthografiefehler.

3. Ich möchte Sie nicht von der Arbeit ....

4. Diese Doppelbelastung wird sie nicht mehr lange ....

5. Der Angestellte hat sich in dieser Situation richtig ....

6. Drei Abgeordnete haben sich der Stimme ....

7. Sie können das Wechselgeld ....

8. Der Fahrer ist weitergefahren, ohne ....

9. Es hat so gestunken, dass ich mir die Nase .... musste.

10. Ich habe das Schreiben erst gestern ....

11. Jetzt reicht es mir! Ich lasse mich nicht länger ....

12. Der arme Kerl mus immer als Sündenbock ....

13. In dieser Beziehung können wir mit unseren Nachbarn nicht ....

14. Ich werde mir gerichtliche Schritte ....

15. Diese Information hatte man mir ....

16. Du tust gut daran, dich aus der Sache ....

---

hinhalten, erhalten, zurückhalten, enthalten (2), mithalten, abhalten, herhalten, durchhalten, vorbehalten, anhalten, heraushalten, verhalten, vorenthalten, behalten, zuhalten

---

65. Das Verb „laufen" + Komposita:

1. Die Leitung ist verstopft; das Wasser kann nicht ....

2. Die Katze unserer Tochter ist vor drei Tagen ....

3. Uns ist eine Katze ....

4. Wir haben uns im Wald ....

5. Mein Pass ist ....

6. Ich sehe nichts; meine Brille ist ....

7. Der Schaden .... sich auf 2.500 Euro.

8. Der Kaffee ist noch nicht ganz ....

9. Die Frau ist ihm ....

10. Mein Neffe hat eine harte Ausbildung ....

11. Die Prüfung ist sehr gut ....

12. Zurzeit .... die Geschäfte nicht gut.

anlaufen, ablaufen (2), fortlaufen, zulaufen, durchlaufen (2), laufen (2), belaufen, entlaufen, verlaufen

66. Formen Sie nach folgendem Beispiel um:

ein Kind erziehen – die Erziehung eines Kindes

1. den Führerschein entziehen ....

2. Arbeiter ausbeuten ....

3. ein Tier aufziehen ....

4. eine Information weitergeben ....

5. einen Menschen lieben ....

6. einen Text übersetzen ....

7. einen Vertrag abschließen ....

8. einen Menschen hassen ....

9. eine Fremdsprache erlernen   ....

10. einen Koffer verlieren   ....

11. eine Mannschaft besiegen   ....

12. eine Frau lieben   ....

13. ein Fahrrad reparieren   ....

67. Wie lautet das Gegenteil?

1. ein sympathischer//.......................... Mensch

2. eine humane//.......................... Behandlung

3. eine rationale//.......................... Entscheidung

4. ein akzeptabler//.......................... Preis

5. ein kompetenter//.......................... Mitarbeiter

6. eine stabile//.......................... Regierung

7. eine objektive//.......................... Meinung

8. eine introvertierte//.......................... Person

9. eine formelle//.......................... Einladung

10. ein populärer//.......................... Politiker

11. eine ambulante//.......................... Behandlung

12. eine solvente//.......................... Firma

13. eine realistische//.......................... Einschätzung

14. eine homogene//............................ Gruppe

15. die legale//............................ Einfuhr

16. die autoritäre//............................ Erziehung

17. eine implizite//............................ Drohung

18. eine effiziente//............................ Vorgehensweise

68. Verben der Bewegung:

1. Das Mädchen .... auf einem Bein.

2. Der Junge .... auf den Baum.

3. Ich .... mit dem Fahrrad zur Arbeit.

4. Er .... die 100 Meter in 11,5 Sekunden.

5. Die Schildkröte .... vom Weg auf den Rasen.

6. Der Mann .... über den Fluss.

7. Die Blindschleiche .... durch das Gebüsch.

8. Sie .... vor dem Aufstehen im Bett.

9. Ihr Mann hat die Angewohnheit, sich nach jeder jungen Frau ....

10. Der Zug ist pünktlich um 13.17 Uhr ....

11. Edmund Hillary hat als Erster zusammen mit dem Sherpa Tenzing Norgay den Everest ....

12. Ich .... gewöhnlich um 6.30 Uhr .....

13. Der Flieger nach Mallorca ist gerade ....

14. Beim Erklingen der Nationalhymne .... die Zuschauer von ihren Plätzen.

15. Ich .... nach der Münze, die mir aus der Hand gefallen war.

16. Weil seine Frau schon schlief, ... der Ehemann auf Zehenspitzen ins Schlafzimmer.

17. Opa .... immer in diesen Sessel.

18. Die alte Dame .... damals über die Straße, ohne auf den Verkehr zu achten.

19. Der Unfallverursacher ...., ohne anzuhalten.

20. Die Maus ist durch das Loch ....

21. Wie hoch .... du?

22. Der kleine Junge .... aus Wut auf den Boden.

23. Ich konnte dem Fahrradfahrer gerade noch ....

24. Wir .... gerne Tango.

25. Die Mutter .... das Kind auf den Armen.

---

fahren, kriechen, hüpfen, schwimmen, sich schlängeln, sich räkeln, klettern, laufen, aufstehen, umdrehen, ankommen, besteigen, starten, sich erheben, springen, sich bücken, schlüpfen, ausweichen, schleichen, stampfen, tanzen, sich setzen, gehen, schaukeln, weiterfahren

69. Ersetzen Sie den gehobenen durch einen neutralen Ausdruck:

1. Sie ist *des Spanischen nicht mächtig*/.....................

2. Der Angestellte hat 100 Euro aus der Kasse *entwendet*/
....

3. Die Gäste *begaben sich*/..................... auf die Terrasse.

4. Sie haben den Plan *über Bord geworfen*/.....................

5. Ich habe das Finanzamt um eine Auskunft *ersucht*/
....

6. Das ist *barer*/..................... Unsinn.

7. Nun ist er *aller Sorgen ledig*/.....................

8. Ich werde diese Gemälde *veräußern*/.....................

9. Man hat ihm die Unterstützung *versagt*/.....................

10. Sie ist nicht *geneigt*/....................., ihm zu helfen.

11. Die alte Dame *bedarf unserer*/..................... Hilfe.

12. Der Angestellte *entledigt sich* gewissenhaft *aller*/
.... Aufgaben.

70. -männer oder -leute?

1. der Kaufmann   - die Kauf.........

2. der Feuerwehrmann   - die Feuerwehr.........

3. der Müllmann   - die Müll.........

4. der Ehemann   - die Ehe.........

5. der Bergmann   - die Berg.........

6. der Tormann   - die Tor.........

7. der Ersatzmann   - die Ersatz.........

8. der Vordermann   - die Vorder.........

9. der Hausmann   - die Haus.........

10. der Landsmann   - die Lands.........

71. Was bedeutet ...?

1. das Handtuch werfen   a. eine Sache durchschauen

2. immer auf Achse sein   b. etw. nicht verstehen

3. einen Korb bekommen   c. übertreiben

4. kalte Füße bekommen   d. eine Absage erhalten

5. den Bogen überspannen   e. Angst bekommen

6. den Braten riechen   f. aufgeben

7. ein Brett vor dem Kopf haben   g. immer unterwegs sein

1... 2... 3... 4... 5... 6... 7...

72. Ergänzen Sie die Endung: -ig, -lich, -isch, -sam, -bar:

1. Sie sind sich ein.........

2. Sie fühlt sich ein.........

3. Er ist sehr abergläub.........

4. Seine Mutter ist tief gläub.........

5. Sie liebt ihn abgött.........

6. Das war eine freud......... Überraschung.

7. Ihr Mann benimmt sich manchmal sehr kind.........

8. Sie hat ein kind......... Gesicht.

9. Der Jubilar war sicht......... gerührt.

10. Mit bloßem Auge ist das nicht sicht.........

11. Dieser Erfolg ist unglaub.........

12. Was für ein herr......... Ausblick!

13. Diese Kollegin hat ein herr......... Auftreten.

14. Ich kann seine besserwisser......... Art nicht leiden.

15. Unser Chef ist sehr laun.........

16. Ich fühle mich hier heim.........

17. David ist ein ängst........., furcht......... Kind.

18. Das war ein furcht......... Schock für die Eltern.

19. Alkohol......... Getränke mag ich nicht.

20. Die Aufführung war erstklass.........

21. Ich höre gern klass......... Musik.

22. Das ist eine gute graf......... Darstellung.

23. Für mich war die Mathematkaufgabe nicht lös.........

24. Das ist eine schwer lös......... Substanz.

25. Sie trägt eine sehr mod......... Bluse.

26. Seine Frau hatte pan......... Angst.

27. Das ist ein stritt......... Punkt.

28. Das ist ein salomon......... Urteil.

29. Ein Richter darf nicht partei......... sein.

30. Seine Mutter war eine spar......... Hausfrau.

31. Sie erklärten sich mit uns solidar.........

73. Das „gehen" + Komposita:

1. Wie ist das Spiel ....,?

2. Der Tod seines Freundes ist ihm sehr ....,

3. Auf diese Frage ist der Minister nicht näher ....,

4. Inzwischen sind schon zehn Jahre ....,

5. Sie ...., von einer falschen Voraussetzung ....

6. Ich weiß nicht, was Sie das ....

7. Wie .... es deinem Vater?

8. Sie .... sehr liebevoll mit ihrer alten Mutter ....

9. Der Mann soll zwei Raubüberfälle .... haben.

10. Wir müssen den Text noch einmal sorgfältig ....,

11. Dieses Detail ist mir ....,

12. Heute .... die Sonne um 19.00 Uhr ....

13. Wie sollen wir mit dieser Situation ....,?

14. Der arme Kerl musste allerhand über sich ....,
lassen.

15. Diese Operation lässt sich nicht ....,

16. Wir müssen anders an dieses Problem ....,

17. Bei der Verteilung der Gelder ...., es nicht mit
rechten Dingen ....

18. Ich gehe auf die Party. .... du auch ....?

19. Gestern .... es bei der Diskussion heiß ....

20. Der Knopf ist ....

21. Ich .... am Wochenende immer mit meinen
Freunden ....

22. Beim Waschen ist der Pullover ....

23. Die Butter .... in der Sonne.

---

entgehen, gehen, begehen, herangehen, abgehen, umgehen (3), hinge-
hen, vergehen, angehen, untergehen, ergehen, ausgehen (3), durchgehen, nahegehen, zergehen, zugehen, eingehen (2), hergehen

74. männlich – weiblich:

1. Wir haben zwei Söhne/ .... ,

2. Wie alt ist dein Vater/ .... ?

3. Mein Bruder/ .... wohnt in Hamburg.

4. Unser Onkel/ .... kommt heute zu Besuch.

5. An unserer Schule unterrichten mehr Lehrer als ....

6. Unser Schwiegersohn/ .... ist Italiener/ ....

7. Mein Neffe/ .... heiratet nächste Woche.

8. Er versteht sich gut mit seinem Schwiegervater/ ....

9. Wie heißt dein Cousin/ .... ?

10. Mein Mann ist Arzt/ .... ist ....

11. Der Junge/ .... ist sehr sprachbegabt.

75. Die Wortfamilie „Spiel":

1. Im .... kann unsere Mannschaft die im ....
   erlittene 0:1 Niederlage wettmachen.

2. Du solltest dir ein .... an deinem Schwager nehmen.

3. Kannst du uns etwas auf deiner Gitarre .... ?

4. Wir haben das Problem .... gelöst.

5. Es ist klar, dass er versucht, seinen Fehler ....

6. Für sein Alter ist der Junge noch sehr ....

7. In meiner Jugend habe ich Fußball ....

8. Räum deine .... weg und fang an, deine Hausaufgaben zu machen.

9. Heute klappt das .... in unserer Mannschaft nicht.

10. Roulette ist ein ....

11. Die Kinder lernen auf .... Art Englisch.

12. Dort haben sich unglaubliche Dinge ....

13. Infolge des starken Regens ist der Fußballplatz nicht
....

14. Anstatt selbst zu schießen, hätte er besser ....
sollen.

15. Elias, möchtest du auch ....?

16. Auch das .... ist wichtig.

17. Das Pokal................... findet in Berlin statt.

18. Ein Lächeln .... ihr Gesicht.

19. Ronaldo hat die Hintermannschaft elegant .... und
dem Torwart keine Chance gelassen.

20. Kannst du mir diese Kassette auf eine CD ....?

---

bespielbar, verspielt, spielend, Hinspiel, Rückspiel, Beispiel, spielerisch,
abspielen, spielen, herunterspielen, Spielsachen, Zuspiel, Glücksspiel,
abspielen (2), mitspielen, Vorspiel, vorspielen, Endspiel, überspielen,
umspielen, ausspielen

76. Ergänzen Sie die Substantive mit der Endung -chen/-lein:

1. Chinesen essen mit ....

2. Der Junge sitzt da wie ein .... Elend.

3. Sie gingen .... haltend spazieren.

4. Mit dem habe ich noch ein .... zu rupfen.

5. Seine Tochter war ganz aus dem ....

6. Der Vertreter hat sich ins .... gelacht.
7. Ihr Schwager dreht immer sein .... nach dem Wind.

8. Seine Frau hat ein feines .... für lukrative Geschäfte.

9. Bringen Sie mir bitte ein .... Kaffee und ein Croissant.

10. Was .... nicht lernt, lernt Hans nimmermehr.

11. Herta hat ein .... für Blumen.

12. Tu den Radiergummi bitte wieder in mein ....

13. Mama, ich muss ein .... machen.

14. Mein Onkel ist bei ihr ins Fett................... getreten.

15. Er war das .... an der Waage.

16. Ich träume von einem .... im Grünen.

17. Die Kleine ist müde; sie hat schon ganz kleine ....

18. Bei diesem Gespräch würde ich gern .... spielen.

19. Schnuppi, mach ....!

20. Ich werde mich noch ein .... hinlegen.

21. Wo ist das stille ....?

Mantel, Haufe(n), Huhn, Hans, Mappe, Bach, Haus (2), Stab, Hand (2), Napf, Auge, Mann, Stunde, Faust, Maus, Ort, Zunge, Nase, Kanne

---

77. Ergänzen Sie den Namen eines Metalls:

1. Reden ist ...., Schweigen ist ....

2. Meine Beine sind schwer wie ....

3. Diese Becher sind aus ....

4. Der Rahmen des Fahrrads ist aus ....; daher ist es so leicht.

5. Die Spardose ist aus ....

6. Dieser Ring war sehr teuer; er ist aus ....

7. Diese Statue ist aus ....

8. Diese Münzen sind aus ....

9. Das Messer ist aus rostfreiem ....

10. Das Gitter ist aus ....

Zinn, Eisen, Blech, Stahl, Blei, Kupfer, Gold, Platin, Bronze, Silber, Aluminium

78. Die Wortfamilie „schlagen":

1. Eine solche Bitte kann man nicht ....

2. Leider erhielt ich einen .... Bescheid.

3. In dem .... waren 500 Euro.

4. Als Erstes haben wir unser Zelt ....

5. Sein Vater ist in Geschichte sehr ....

6. Bei so einem Angebot hätte ich ....

7. Ein Blitz hat in den Kirchturm ....

8. Das war ein verunglückter .... des Torwarts.

9. Solche .... müssten härter bestraft werden.

10. Der Wanderer wurde von einem Blitz ....

11. Die Arbeit an seinem neuen Buch nimmt meinen Mann ganz in ....

12. Die Polizei hat die Waffe und die Drogen ....

13. Dieser Politiker ist äußerst ....

14. Mein .... muss neu bespannt werden.

15. Jetzt ....'s dreizehn!

16. Äneas wurde durch einen Seesturm an die Küste von Karthago ....

17. Der .... des Meteoriten war verheerend.

18. Es war eine harte Zeit für uns, aber wir haben uns immer irgendwie ....

19. Das war der .... Beweis für seine Unschuld.

20. In der .... bei Cannae bereitete Hannibal den Römern die furchtbarste Niederlage.

21. Der Politiker fiel einem .... zum Opfer.

22. Ich höre gerne ....

23. Autoaufbrecher haben am Wochenende fünfmal ....

24. Zu Ostern haben sie ein Lamm ....

> erschlagen, schlagend, abschlagen, abschlägig, durchschlagen, Umschlag, schlagfertig, aufschlagen, beschlagen, zuschlagen (2), einschlagen, Schlacht, Abschlag, Schläger (2), Anschlag, Beschlag, beschlagnahmen, schlachten, Schlager, Einschlag, schlagen, verschlagen

79. Rund ums Auto:

1. In den .... passen drei Koffer.

2. Die .... hat durch einen Steinschlag einen Riss bekommen.

3. Der Wagen hat 150 ....

4. Etwas funktioniert nicht. Ich muss das Auto in die .... bringen.

5. Man sollte nur im Notfall ....

6. Der Fahrer wechselte die ...., ohne zu ....

7. Auf der Fahrt in den Urlaub hatten wir eine ....

8. Mein Auto ist gerade zur ....

9. Sehen Sie nicht das Verbotsschild? Sie dürfen hier nicht ....

10. Der .... läuft nicht rund.

11. Der Fahrer saß 15 Stunden ohne Pause hinterm ....

12. Als ich merkte, dass das Auto zurückrollte, zog ich schnell die ....

13. Es ist sehr schwer, um diese Uhrzeit hier einen .... zu finden. Gott sei Dank habe ich noch eine .... entdeckt.

14. Die .... ist defekt. Sie nimmt keine Münzen an.

15. Im .... sah ich, wie ein BMW auf mich zuraste.

16. Die Diebe haben es auf multifunktionale .... und .... abgesehen.

17. Das .... dieses Autos ist sehr übersichtlich.

18. Es ist sehr heiß. Schalt bitte die .... ein.

19. Nächsten Monat muss mein Auto zum ....

20. Der 80-jährige Fahrer hat das .... mit dem .... verwechselt.

21. Die .... ist durchgerostet.

22. Der .... ist zu laut.

23. Die .... ist leer und muss aufgeladen werden.

24. Vergiss nie, den .... anzulegen, bevor du losfährst!

25. Du musst die .... langsam kommen lassen.

26. Weil die .... versagt haben, kam es zu dem schrecklichen Unfall.

27. Der .... ist noch halb voll.

28. Die .... sind nicht richtig eingestellt.

29. Ich konnte nur die ersten beiden Buchstaben des ....
lesen.

Steuer, Spur, Parkuhr, Klimaanlage, Windschutzscheibe, Lenkrad, Parkplatz, Inspektion, Handbremse, Armaturenbrett, Motor, blinken, PS, Parklücke, Bremspedal, Rückspiegel, parken, Gaspedal, Batterie, Karosserie, Reifenpanne, Auspuff, Sicherheitsgurt, Tank, Autokennzeichen, Bremse TÜV, hupen, Scheinwerfer, Kupplung, Kofferraum, Autowerkstatt, Navi

---

80. Das Wortfamilie „kommen":

1. Andreas .... oft zu spät zur Schule.

2. Ich werde auf Ihr Angebot ....

3. Der Zug ist pünktlich um 13.07 Uhr ....

4. Ich bin leider nicht ....

5. Das lasse ich erst einmal auf mich ....

6. Von diesem Plan sind wir inzwischen wieder ....

7. Diesen Ring habe ich von meinem Mann zur Geburt unseres ersten Kindes ....

8. Wie soll jemand mit so wenig Geld ....?

9. Es ist eine sehr schwere Operation. Ich hoffe, dass er ....

10. Mach, dass du ....

11. Wie konnte der Täter der Polizei ....?

12. Mit dieser Masche .... du bei ihm bestimmt nicht ....

13. Du musst auch an deine .... denken.

14. Über ihre Liebe zum Golf sind sich die beiden ....

15. .... bitte mal ....; ich muss dir etwas sagen.

16. Wo .... wir da ...., wenn sich jeder so verhalten würde?

17. Für wie viel Uhr ist die .... vorgesehen?

18. Wir haben auch eine Verantwortung den .... Generationen gegenüber.

19. Kann ich heute Abend mal kurz bei dir ....?

20. Die ehemaligen Besitzer haben das Haus vollkommen .... lassen.

21. Wir sind ...., das Projekt gemeinsam zu finanzieren.

22. Seine Frau ist adeliger ....

23. Sie versteht sich nicht mehr mit ihrem Freund, aber sie weiß

nicht, wie sie von ihm .... soll.

24. Blumenkohl .... mir nicht.

Zukunft, entkommen, kommen, vorbeikommen, zurückkommen, Ankunft, ankommen, dazukommen, loskommen, zukommen, abkommen, bekommen (2), Herkunft, auskommen, durchkommen (2), übereinkommen, fortkommen, zukünftig, nahekommen, herkommen, verkommen, hinkommen

---

81. Das Wortfeld „Buch":

1. In Geografie benutzen wir regelmäßig den ....

2. Die .... besteht aus zwei Teilen: dem Alten und dem Neuen Testament.

3. Sucht man die Herkunft eines Wortes, schlägt man in einem etymologischen .... nach.

4. In einer .... sind Texte und Gedichte eines oder mehrerer Autoren versammelt.

5. Unser Lateinlehrer ist ein wandelndes ....

6. „Das Dekameron" von Giovanni Boccaccio ist eine Sammlung von 100 ....

7. Der .... ist das heilige Buch des Islam.

8. Die Regeln einer Sprache findet man in einer ....

9. „Der Name der Rose" ist ein weltberühmter .... von Umberto Eco.

10. Von diesem Fotografen gibt es einen exzellenten .... über Paris.

11. Das Grimm'sche Wörterbuch umfasst 33 ....

12. In welchem .... ist das Buch erschienen?

13. Die vierte .... ist leider ....; eine .... ist nicht geplant.

14. Das Buch hat einen flexiblen ....

15. Das Buch ist nicht mehr im ....

16. Lehrer können ein .... anfordern.

17. Ich habe leider den .... des Buches vergessen.

18. Dieser .... hat schon mehrere Bücher zu diesem Thema veröffentlicht.

19. Wer ist der .... dieses Sammelbands?

20. Der Lektor hat das .... kritisch geprüft und es für gut befunden.

Grammatik, Bibel, Wörterbuch, vergriffen, Anthologie, Autor, Lexikon, Koran, Prüfexemplar, Roman, Bildband, Novelle, Band, Verlag, Einband, Manuskript, Auflage, Herausgeber, Neuauflage, Handel, Atlas, Titel

82. Das Verb „machen" + Komposita:

1. Ich habe versucht, ihm ...., dass es so nicht weitergehen kann.

2. Mir kann keiner was ....

3. Meine Tante hat mir diesen Ring ....

4. Diese arme Familie musste viel ....

5. Der Typ hat mich in der Disko ....

6. .... bitte mal das Licht ....., ich sehe nichts.

7. Das sollten sie besser unter sich selbst ....

8. Wenn du den Computer .... hast, können wir gehen.

9. Wie können wir diesen Verlust ....?

10. Das ist nicht schlimm; das .... mir nichts .....

11. So hatten wir das nicht ....

12. Würdest du bitte die Tür ....; es zieht.

13. In der letzten Zeit hat sich dein Schwager sehr ....

14. So etwas .... man einfach nicht!

---

ausmachen (3), vormachen, anmachen (2), klarmachen, abmachen, machen, zumachen, vermachen, rarmachen, wettmachen, durchmachen

---

83. Die Wortfamilie „decken":

1. Schnee hat das ganze Spielfeld ....

2. Es ist kalt; du musst dich gut ....

3. Nimm bitte den .... vom Topf.

4. Das Bücherregal geht bis zur ....

5. Ich habe die Pflanzen mit einer Folie ....

6. Leg bitte eine frische .... auf.

7. .... du bitte den Tisch .....?

8. Bei schönem Wetter fahren wir mit offenem ....

9. Fleming hat das Penizillin ....

10. Diese .... gibt richtig warm.

11. Ein .... Ermittler ist der Bande auf die Spur gekommen.

12. Mehrere Ziegel sind locker. Ich muss den .... rufen.

13. Das Konto des Mieters war nicht ....

14. Der Skandal wurde von einem Privatdetektiv ....

15. In dieser Sache hielt sich der Minister ....

16. Glücklicherweise hat meine Versicherung die .... des Schadens übernommen.

17. Der Wirbelsturm hat einen Teil des Dachs ....

abdecken (3), Tischdecke, Dachdecker, bedecken, Deckel, Decke (2), Deckung, verdeckt, zudecken, Verdeck, entdecken, gedeckt, aufdecken, bedeckt

84. Die Wortfamilie „tun":

1. Das war eine verabscheuenswürdige ....

2. Ich habe mich beim Zusammenzählen der Beträge ....

3. Der Kollege hat meinen Einwand mit einer Handbewegung
....

4. Das geschah ohne mein ....

5. Das .... nichts zur Sache.

6. Diese Pause wird ihr ....

7. Das ist eine schlecht bezahlte ....

8. Seine Eltern haben uns .... unterstützt.

9. Das Werkzeug kannst du ....; ich brauche es nicht mehr.

10. Das kannst du mir nicht ....

11. Wo soll ich das ....?

12. Ihr Mann saß den ganzen Tag .... herum.

13. Passanten sahen bei den Übergriffen auf die Mädchen .... zu.

14. Der .... konnte unerkannt entkommen.

---

untätig, hintun, vertun, abtun, Zutun, antun, tun, guttun, tatenlos, Tätigkeit, Täter, tatkräftig, wegtun, Tat

---

85. Ergänzen Sie die fehlenden Buchstaben:

1. Tobias lä..... mich oft zum Essen ein.

2. Was häl..... du von diesem Vorschlag?

3. Das ist ein wei..... Mann mit viel Lebenserfahrung.

4. Leider wei..... ich das nicht.

5. Ich bin mit ihm verwan.....

6. Ich bin to.....müde.

7. Der Mann war to.....enbleich.

8. Ich habe mich an einen Rechtsanwalt gewan.....

9. Mir tun die Fü..... weh.

10. Viele Flü..... sind über die Ufer getreten.

11. Dieser Politiker ist sehr redegewan.....

12. Morgen treffe ich mich mit meinen Freundi.....en.

13. Der Mann hat für ein geringes Entgel..... gearbeitet.

14. Der Ha..... sa... im Gra..... und fra..... eine Mö.....re.

15. Warum ha..... du so sehr diesen Menschen?

16. Meine Mutter schmei..... das alles weg.

17. Warum hast du das weggeschmi.....?

18. Diese Schnur rei..... sehr leicht.

19. Ohne Flei..... kein Prei.....

20. Der Junge lie..... alles auf dem Boden liegen.

21. Lie..... bitte den ersten Satz.

22. Bew..... dich doch um diese Stelle.

23. Ich habe neue Bet.....ücher gekauft.

24. Da..... da..... Buch, da.....ich gekauft habe, ein Fehlkauf war, habe ich zuspät gemerkt.

25. Mein Arm musste gerön..... werden.

26. Beim .....anzen kommt er schnell aus dem Rhyt.....

86. Wie sagt man?

1. eine .... Wildschweine

2. ein .... Wölfe

3. eine .... Schafe

4. eine .... Vögel

5. ein .... Bienen

6. eine .... wütender Fans

7. eine .... Touristen

8. eine .... Jagdhunde

9. eine .... Bücher

Horde, Herde, Meute, Menge, Gruppe, Rotte, Schar, Rudel, Schwarm

87. Setzen Sie die passende Zahl ein:

1. Keine .... Pferde bringen mich dahin.

2. Aller guten Dinge sind ....

3. Zurzeit fühlt sich unsere Tochter wie auf Wolke ....

4. Das kannst du dir an den .... Fingern abzählen.

5. Wenn .... sich streiten, freut sich der ....

6. Diese Angelegenheit müssen wir unter .... Augen besprechen.

7. Gestern habe ich eine Pizza .... Jahreszeiten gegessen.

8. Er kann nicht bis .... zählen.

9. Das Ergebnis ist gleich ....

10. Ein Dutzend ist eine Menge von .... Stück.

11. Jetzt schlägt's aber ....!

12. .... ist die schlechteste Schulnote.

13. Meine Freundin hatte die Mathematikaufgabe in .... Komma nichts gelöst.

14. Mein Schwager isst für ....

15. Das habe ich dir doch schon .... Mal gesagt!

16. Schau mal, ich habe ein ....blättriges Kleeblatt gefunden.

17. In Mathe bin ich eine ....

18. Nun betritt die deutsche .... das Spielfeld.

19. Ich habe .... Kreuze gemacht, als es vorbei war.

Null, sechs, zwölf, zehn, Dritte, drei (3), Elf, sieben, fünf, zwei (2), hundert, vier (3), dreizehn, null (2)

88. Gebäude, Institutionen

1. Die .... ist das Gotteshaus der Moslems.

2. Das ist eine katholische ....

3. Juden feiern ihren Gottesdienst in der ....

4. Im .... werden Schauspiele aufgeführt.

5. Dieser .... ist dem Gott Zeus geweiht.

6. Im .... werden Filme gezeigt.

7. Ich habe bei der .... ein Konto eröffnet.

8. Ich habe an der .... Heidelberg studiert.

9. Ihr Sohn besucht eine höhere ....

10. Ich trainiere zweimal pro Woche im ...., um in Form zu bleiben.

11. Hast du deine Steuererklärung schon beim .... abgegeben?

12. Im .... ist der Amtssitz des Bürgermeisters und der Stadtverwaltung.

13. Der Mörder der jungen Frau sitzt im ....

14. Handballspiele werden in .... ausgetragen.

15. Das .... vermittelt Arbeitsplätze.

16. Im Winter schwimme ich in einem ....

17. Die Verletzten wurden ins .... gebracht.

18. In einem .... werden Bilder, Gegenstände und Werke von kulturellem und wissenschaftlichem Interesse auf-bewahrt.

19. Wir haben in einem sauberen und preiswerten .... übernachtet.

20. Diese .... besitzt wertvolle Handschriften.

21. Ein Abt ist der Vorsteher eines ....

22. In diesem .... isst man sehr gut.

Fitnesscenter, Moschee, Krankenhaus, Kirche, Hallenbad, Synagoge, Theater, Hotel, Tempel, Museum, Kino, Bank, Kloster, Universität, Schu-le, Restaurant, Finanzamt, Bibliothek, Rathaus, Gefängnis, Sporthalle, Arbeitsamt

89. Das Verb „lassen" + Komposita:

1. Die restliche Strafe ist ihm .... worden.

2. Weil die Auftragslage schlecht war, wurden 30 Angestellte ....

3. So etwas kann man nicht ....

4. Warum hat er seine Frau ....?

5. Nach langer Überlegung hat er von seinem Plan ....

6. Die Geschäfte haben sich dieses Jahr gut ....

7. Du brauchst deine schlechte Laune nicht an mir ....

8. .... wir es dabei!

9. Würden Sie mich bitte ....?

10. Diesen Satz würde ich ....

11. Ein freundlicher Herr hat mich an der Kasse ....

12. Wenn dir die Nachspeise nicht schmeckt, kannst du sie ....

13. Die Flüchtlinge haben ihren gesamten Besitz ....

14. Er hat seine Freundin mit Kind einfach ....

15. Ihr Mann hat ....als praktischer Arzt ....

16. Du sollst mich ...., du tust mir weh!

17. .... Sie mich bitte in Ruhe!

---

anlassen, entlassen, erlassen, verlassen, ablassen, zulassen, auslassen, belassen, durchlassen, weglassen, sich niederlassen, loslassen, vorlassen, lassen, zurücklassen, sitzenlassen, stehenlassen

---

90. Gemüse. Ergänzen Sie die fehlenden Buchstaben:

1. der Fen..........   2. der Sell..........

3. die Auber..........   4. der Chic..........

5. der Rosenk..........   6. der Spi..........

7. die Gu..........   8. der Kür..........

9. die Zuc..........   10. der Knob..........

11. die Kar..........   12. die To..........

13. das Radie.........   14. die Arti.........

15. der Blum.........   16. die Pap.........

17. der Ma.........   18. der Kohlr.........

19. der Brok.........   20. die Boh.........

21. die Erb.........   22. die End.........

23. der Sal.........   24. die Zwie.........

25. der Mang.........   26. die Rau.........

27. die Kart.........

91. Die Wortfamilie „greifen":

1. Das ist etwas, was ich nicht .... kann.

2. Meiner Meinung nach müsste die Justiz härter ....

3. Blitzschnell .... der Dieb nach dem Handy der jungen Frau und rannte davon.

4. Ich habe alle Unterlagen ....

5. Es war nur ein kleiner chirurgischer ....

6. Für mich ist ein solches Verhalten ....

7. Dieses Thema sollten wir das nächste Mal nochmals .... und weiter vertiefen.

8. Die Verteidigung funktionierte gut, aber der .... brachte nichts zustande.

9. Auf dem Bahnhofsgelände hat die Polizei einen Mann
   ...., der zur Fahndung ausgeschrieben war.

10. Der Trainer hatte sich an dem Jungen ....

11. Bei der Demonstration ging es friedlich zu und die Polizei
    musste nicht ....

12. Bitte .... Sie ...., genieren Sie sich nicht.

13. „Transitiv" ist ein .... aus der Grammatik.

14. Halte dich an dem .... fest!

15. Der Drogendealer konnte sich dem .... der Polizei
    entziehen.

16. Für Hinweise, die zur .... des Täters führen, sind
    2000 Euro als Belohnung ausgesetzt.

17. Der Minister wurde von der Opposition hart ....

18. Das Buch ist schon seit Jahren ....

19. Ich war von dem Film ganz ....

20. Der Kollege hat sich schon mehrmals im Ton ....

21. Wir müssen auf unsere Ersparnisse ....

Griff, aufgreifen (2), Eingriff, zugreifen, Ergreifung, vergreifen (2), durchgreifen, Begriff, unbegreiflich, begreifen, griffbereit, Angriff, angreifen,
ergreifen, greifen, zurückgreifen, eingreifen, vergriffen, Zugriff

92. Bäume. Ergänzen Sie die fehlenden Buchstaben:

1. die Bu.........   2. die Kie.........

3. die Pal.........   4. die Ze.........

5. die Ei.........   6. die Bi.........

7. die Lä.........   8. die Pap.........

9. der Ah.........   10. die Ul.........

11. die Wei.........   12. die Lin.........

93. Wer wohnt wo?

1. In Deutschland   wohnen die   ....

2. In Frankreich   ....

3. In Spanien   ....

4. In Portugal   ....

5. In Ungarn   ....

6. In Monaco   ....

7. In Schweden   ....

8. In Italien   ....

9. In Finnland   ....

10. In der Schweiz   ....

11. In Afghanistan   ....

12. In Venezuela   ....

13. In Griechenland   ....

14. In der Türkei   ....

15. In Litauen   ....

16. In Brasilien   ....

94. Die Wortfamilie „treten":

1. .... verboten!

2. Bayern München muss gegen FC Sevilla ....

3. Frau Meier, darf ich mal kurz ....?

4. Als der Direktor das Klassenzimmer ...., wurde es auf einmal ganz still.

5. Die Lawine wurde von einer Gruppe Wanderer ....

6. Rowdys haben an mehreren Fahrzeugen die Außenspiegel ....

7. In dem Saal herrschte .... Schweigen.

8. Der Verteidiger hat dem Stürmer gegen das Schienbein ....

9. Ich musste einen erkrankten Kollegen ....

10. Der Fuß tut mir so weh, dass ich kaum .... kann.

11. Weil er sich einer dringenden Operation unterziehen musste, konnte er die Reise nicht ....

12. Kindern macht es Spaß, in Pfützen zu ....

13. Englands .... aus der EU ist beschlossene Sache.

14. Wie viel kostet der ....?

15. Es ist Zeit, dass dieser Politiker ....

16. Ich muss mir ein wenig die Beine ....

17. Während des langweiligen Vortrags war ich mal kurz ....

18. Der freundliche Herr hat mir den .... gelassen.

19. Nach reiflicher Überlegung habe ich beschlossen, dieser Partei ....

20. Die Schläger haben auf den schon am Boden liegenden Jungen ....

21. Ich bin 2010 in den Verein ....

22. Der Klient fühlte sich von seinem Anwalt nicht gut ....

23. Der .... zur EU liegt noch in weiter Ferne.

24. Bei .... der Reise war noch alles in Ordnung.

25. Er gab ihm einen heftigen .... in den Hintern.

26. Wer etwas zu diesem Punkt zu sagen hat, soll bitte ....

27. Pass bitte auf, die Leiter ist nicht ....

beitreten, antreten (2), vertreten (3), abtreten (2), Zutritt, treten (2), Vortritt, auftreten, eintreten (2), vortreten, Eintritt, lostreten, betreten (2), Tritt, trittfest, Antritt, austreten, Beitritt, wegtreten, Austritt

95. Blumen. Ergänzen Sie die fehlenden Buchstaben:

1. die Ro………   2. die Ne………

3. das Vei………   4. die Hya………

5. die Nar………   6. die Tu………

7. die Ost………   8. die Chrys………

9. die As………   10. die Ger………

96. Die Wortfamilie „hören":

1. …………. du mir überhaupt …..?

2. Morgen werden wir in Geschichte ………….

3. So etwas …………. sich einfach nicht.

4. Ich habe mir fest vorgenommen, mit dem Rauchen ………….

5. Das glaube ich nicht. Du musst dich …………. haben.

6. Wem …………. dieser Koffer?

7. Im Alter lässt das …………. nach.

8. Seine Leitung wird schon seit Monaten ………….

9. Ich habe zufällig dieses Gespräch mit ………….

10. Paula ist ein …………. Kind.

11. Ich kenne ihn nur vom ………….

12. Der Arzt hat mich gründlich ………….

13. Einige .... haben sich bei dem Sender beschwert.

14. Dieses Angebot .... sich gut .....

15. .... euch bitte ....., ob jemand eine Wohnung zu vermieten hat.

16. Verärgert hatte sie den .... auf die Gabel geknallt.

17. Diese Frau ist ihrem Mann ....

18. Ich habe schon lange nichts mehr von ihm ....

19. Mein Mann braucht ein besseres ....

20. Die .... der Zeugen ist damit abgeschlossen.

umhören, Hörensagen, hörig, verhören, zuhören, abhören (3), gehören (2), Zuhörer, Hörer, hören, Anhörung, aufhören, Gehör, Hörgerät, anhören (2), gehorsam

97. Die Wortfamilie „tragen":

1. Dieser Schüler hat schon fünf .... im Klassenbuch.

2. Der Mieter hat den .... noch nicht unterschrieben.

3. Viele Rentner runden ihre Rente auf, indem sie Zeitungen ....

4. Welche Note hast du in „............."?

5. .... euch endlich! Immer diese Streitereien!

6. Ich .... keinen Knoblauch.

7. Diesen Kerl kann ich nicht länger ....

8. Hast du dich schon in die Liste ....?

9. Rauchen ist der Gesundheit ....

10. Dieses Geschäft wirft hohe .... ab.

11. Dieser Lärm ist wirklich ....

12. Wenn du diese .... Wand entfernen willst, musst du einen .... einziehen.

13. In dieser Sendung wird der ..../die .... eines berühmten Namens gesucht.

14. Meiner Meinung nach ist dieser Minister nicht mehr ....

15. Ich musste immer die Kleider meiner älteren Schwester ....

16. Es handelt sich um einen ziemlich hohen ....

17. Schildern Sie dem Gericht, wie sich der Vorfall .... hat.

18. Du hast ein bisschen viel Make-up ....

19. Die Rechnung für die Gartenarbeiten .... 550 Euro.

20. Nach dem Aperitif kann das Essen .... werden.

21. Eine norddeutsche Firma hat den .... für den Bau der Sporthalle erhalten.

22. An jenem Abend .... sie ein langes schwarzes Kleid.

23. Das war wirklich ein ausgezeichneter .... über die Renaissance.

---

vertragen (2), Auftrag, unerträglich, Betrag, Eintrag, Vertrag, auftragen (3), austragen, Betragen, ertragen, betragen, eintragen, abträglich, Ertrag, tragend, tragen, Vortrag, Träger (2), Trägerin, tragbar, zutragen

98. Die Wortfamilie „Sorge":

1. Die Eltern .... sich um ihr krankes Kind.

2. Geht mit den Büchern bitte .... um.

3. Gehst du regelmäßig zur ....untersuchung?

4. Ich muss noch ein Geburtstagsgeschenk für meine Mama ....

5. Mach dir keine .... Es wird schon gutgehen.

6. Während unserer Abwesenheit .... unsere Nachbarn unser Haus.

7. Wo kann ich das Altglas ....?

8. Diese Entwicklung gibt Anlass zur ....

9. Ich muss vorher noch einige .... machen.

10. Sie ist um die Gesundheit ihres Mannes ....

11. Bei der Scheidung bekam seine Frau das ....recht für ihre Tochter zugesprochen.

12. Es ist ratsam, schon in der Jugend für das Alter ....

13. Wir haben .... alle Türen geschlossen.

14. Ich bin dankbar, dass ich .... Eltern hatte.

15. Der Mann hatte vor Jahren seine Arbeit verloren und lebt seitdem von der ....

16. Was du heute kannst ...., das verschiebe nicht auf morgen.

---

sorgen, sorgsam, Vorsorge, besorgen (2), vorsorgen, fürsorglich, Sorge (2), versorgen, Fürsorge, entsorgen, vorsorglich, Besorgnis, Besorgung, besorgt

Lösungen

1. 1. Zufall 2. Abfall 3. Unfall 4. Zwischenfall 5. Durchfall 6. Beifall 7. Verfall 8. Vorfall 9. Notfall 10. Wegfall 11. Rückfall 12. Überfall 13. Einfall 14. (Bandscheiben)vorfall

2. 1. Benommen, teilnehmen 2. zugenommen 3. wahrnehmen 4. Nimm ... mit 5. nimmt ... zu 6. annehmen 7. entnehmen 8. nehme an 9. übernommen 10. übernehmen 11. abgenommen 12. weggenommen 13. vernommen 14. entgegengenommen 15. nehme ... hin 16. drangenommen 17. hernehmen 18. aufgenommen 19. aufzunehmen 20. unternommen 21. durchgenommen 22. nimmst
-
3. 1. der Sprung 2. der Bruch 3. die Wahl 4. der Tritt 5. der Wurf 6. der Brand 7. die Fahrt 8. der Flug 9. der Pfiff 10. der Genuss 11. der Wille 12. der Riss 13. der Gang 14. der Wuchs 15. der Biss 16. der Klang 17. der Stich 18. der Fluss 19. der Ritt 20. der Zwang 21. die Hilfe 22. die Gabe 23. der Lauf 24. der Sturz 25. die Rache 26. der Fall 27. der Stand 28. der Halt 29. die Lage 30. der Ruf 31. das Bad 32. der Fund

4. 1. Hosen 2. Jeans 3. Gürtel 4. Tasche 5. Stiefel 6. Krawatte 7. Jacke, Hose 8. Hut 9. Kleid 10. Anzug 11. Mantel 12. Bluse, Rock 13. Hemd 14. Weste 15. Mütze, Handschuhe 16. Taschentuch 17. Unterwäsche 18. Schirm 19. (Schlaf)anzug, (Nacht)hemd 20. (Unter)hemd 21. (Bade)anzug, Bikini 22. (Regen)mantel 23. T-Shirt, Shorts 24. Pullover 25. Kostüm 26. Handtaschen.

5. 1. quakt 2. wiehert 3. miaut 4. brüllt 5. kräht 6. grunzt 7. muht 8. röhrt 9. blökt 10. krächzt 11. trillert 12. iaht/schreit 13. klappert 14. piep(s)t 15. meckert 16. quakt/schnattert 17. schnattert 18. heult 19. kollert 20. trompetet 21. faucht

6. 1p 2n 3d 4a 5o 6i 7j 8b 9c 10e 11f, 12g 13h 14r 15q 16k 17l 18m

7. 1. nachgeben 2. abgegeben 3. Zugabe, Zugabe 4. Gabe 5. Angeber 6. zugegeben 7. Vergabe 8. Vergib, vergeben 9. (sprach)begabt 10. zurückgegeben 11. Abgabe 12. ausgegeben 13. Begabung 14. Hingabe 15. abgeben 16. Ausgaben 17. vergeben 18. Gib ... an 19. abgeben 20. ausgegeben 21. vergeben 22. hingeben 23. übergeben 24. aufgegeben 25. Ergebnis 26. ergeben 27. Übergabe 28. ergeben 29. Begebenheit 30. begibt 31. geben 32. aufgegeben 33. Rückgabe 34. Angabe 35. Herausgeber

8. 1. Zusage 2. abgesagt 3. versagt 4. vorsagen 5. unsägliches 6. Absagen 7. sagt ... aus 8. besagt 9. hingesagt 10. (Hören)sagen 11. zusagen 12. versagten 13. Aussage 14. Durchsage 15. gesagt

9. 1e 2h 3j 4c 5i 6b 7a 8d 9g 10f

10. 1. Abteil 2. Teilnahme 3. mitgeteilt 4. Abteilung 5. Ersatzteil 6. geteilt 7. unterteilt 8. Oberteil 9. zugeteilt 10. erteilt 11. Vor-/Vorteile, Nachteile 12. Hinterteil 13. Gegenteil 14. Hauptteil 15. aufgeteilt 16. verteilt 17. Anteil 18. austeilt 19. einteilen 20. Anteilnahme

11. 1. erröten 2. entmutigen 3. vergrößern 4. entkernen 5. ermöglichen 6. erzürnen 7. wecken 8. stabilisieren 9. verschönern 10. verbreitern 11. füllen

12. 1. abgenommen 2. erschwert 3. hasste 4. verschlechtert 5. eingeschlafen 6. freigesprochen 7. eingestellt 8. tadelten 9. zugenommen 10. Setz dich! 11. untergegangen 12. abgelehnt 13. vernachlässigt 14. verlassen 15. gelöscht 16. abgeschafft 17. abzuräumen 18. misslungen

13. 1. gähnt 2. Stuhlgang 3. zittert 4. Blähungen 5. hustet 6. weinst 7. schnarcht 8. Schwitzen 9. lachen 10. Schluckauf 11. Seufzer 12. schluchzen 13. schwindlig 14. Furz 15. verschluckt 16. Pipi 17. kauen 18. schlucken 19. zuckte 20. juckt 21. Gänsehaut 22. Schauder 23. knurrt

14. 1. Schwalbe 2. Bär 3. Spatz, Taube 4. Hahn 5. Schlosshund 6. Hase 7. Hunde 8. Pudel 9. Esel 10. Katze 11. Elefant 12. Bären 13. Ente 14. Schwein 15. Hühner 16. Schlange 17. Raben 18. Fuchs 19. Pfau 20. Luchs 21. Pferde 22. Wolf 23. Kuh 24. Löwen 25. Storch 26. Hyäne 27. Affe 28. Giraffe

15. 1. Versehen 2. Sicht 3. sichtlich 4. abgesehen 5. sieh zu 6. zusehends 7. zuversichtlich 8. absichtlich 9. nachsehen 10. Nachsicht 11. Sicht 12. Hinsicht 13. Absicht 14. Zuversicht 15. Hinsichtlich 16. sieht aus 17. Vorsicht 18. Aussehen 19. nachsichtig 20. Umsicht 21. umsehen 22. Durchsicht 23. Rücksicht 24. weitsichtig 25. Zuseher 26. abgesehen 27. abzusehen 28. Offensichtlich 29. vorhersehen 30. übersehen 31. Übersicht 32. beaufsichtigt 33. sieht … entgegen

16. 1. Augen 2. Ohr 3. Kinn 4. Kopf 5. Herzen 6. Daumen 7. Munde 8. Beine 9. Knie 10. Bauch 11. Kopf, Beinen 12. Hände 13. Hals 14. Fersen 15. Hals 16. Arm 17. Ohr 18. Hände 19. Finger 20. Haare 21. Hals 22. Ohren 23. Nase 24. Faust, Auge 25. Herz, Nieren 26. Ellbogen 27. Schultern

17. 1. fauler 2. entfernter 3. tiefe 4. weiche 5. raue 6. schmaler 7. schmutziger 8. äußere 9. schlechteste 10. langweiliger 11. unregelmäßiges 12. dünnes 13. schwacher 14. mündliche 15. breite 16. krumme 17. niedrige 18. weiche

18. 1. Anzug 2. erzogen 3. umgezogen 4. Verzug 5. Anzug 6. beziehen 7. entzogen 8. hinterzogen 9. umziehen 10. Zügen 11. Umzug 12. Aufzug 13. Zuge 14. Abzug 15. hinzuziehen 16. Rückzug 17. anzüglichen 18. zuzüglich 19. zurückgezogen 20. Zug 21. bezieht 22. zurückgezogenes 23. Vorzug 24. Abzug 25. bezieht 26. Bezug 27. Beziehung 28. Zuzug 29. unterziehen 30. überzogen 31. übergezogen 32. entzieht 33. nachgezogen 34. durchziehen

35. überzogene 36. vorziehen 37. zugezogen 38. Erziehung

19. 1. grau 2. grünen 3. blau 4. schwarz 5. Grün 6. Gelb 7. grün 8. rosarote 9. weiße 10. schwarze 11. grünes 12. blau 13. schwarz 14. grünen 15. rote 16. roten 17. weiße 18. schwarzen 19. blauen 20. grünen 21. gelbe 22. schwarz

20. 1d 2e 3a 4b 5c 6f

21. 1. Zug 2. Auto 3. Boot 4. Krankenwagen 5. Fuß 6. Motorrad 7. Flugzeug 8. Schiff 9. Aufzug 10. Fähre 11. Rollstuhl 12. Sänfte 13. Fahrrad 14. Bus 15. Straßenbahn 16. Tragbahre 17. Taxi 18. Moped 19. Gondeln 20. Hubschrauber 21. Einkaufswagen 22. Esel 23. Wohnmobile 24. Abschleppwagen 25. Müllauto 26. Anhänger 27. Schubkarren 28. Schlitten 29. Koffer

22. 1. Tank 2. Päckchen 3. Flaschen 4. Schuber 5. Halfter 6. Schachtel 7. Tassen 8. Koffer 9. Tasche 10. Kasten 11. Fass 12. Wanne 13. Löwenkäfig 14. Tabernakel 15. Schirmständer 16. Sparschwein 17. Schublade 18. Sack 19. Kofferraum 20. Urne 21. Schrank 22. Safe 23. Ordner 24. Ranzen 25. Etui 26. Mäppchen 27. (Plasik)hülle 28. Mappe 29. Plastiktüte 30. Briefkasten 31. Papierkorb 32. Kopfkissenbezug 33. Mülleimer 34. Vase 35. Dose 36. Sarg 37. Ampulle 38. Glas 39. Kännchen 40. Aschenbecher 41. Kiste 42. Obstschale 43. Kühlschrank 44. Korb 45. Karaffe 46. Tüte 47. Geldbeutel 48. Werkzeugkasten 49. Koffer

23. 1. Abfahrt 2. Vorfahrt 3. widerfahren 4. verfahren 5. Ausfahrt 6. überfahren 7. fuhr ... zu 8. Fahrt 9. befahrene 10. umfahren 11. befahrbar 12. fährt ... ab 13. Anfahren 14. Durchfahrt 15. wegfahren 16. angefahren 17. fortfahren 18. Gefahr 19. Hinfahrt, Rückfahrt 20. angefahren 21. weitergefahren 22. verfahrene

24. 1. Lehrerin 2. Schuhmacher 3. Rechtsanwalt 4. Architekt 5. Ingenieur 6. Gärtner 7. Physiotherapeuten 8. Optiker 9. Fahrlehrer 10. Hotelier 11. Juwelier 12. Schornsteinfeger 13. Chirurg 14. Makler 15. Richter 16. Automechaniker 17. Installateur 18. Bürgermeister 19. Abt 20. Direktor 21. Hebamme 22. Augenarzt 23. Fleischer 24. Schreiner

25. 1. Sprache 2. verspricht 3. aussprechen 4. Aussprache 5. entspricht 6. verspricht 7. besprochen 8. durchgesprochen 9. ausgesprochen 10. absprechen 11. zugesprochen 12. vorsprechen 13. Aussprache 14. Versprecher 15. sprachlos 16. Besprechung 17. Spruch 18. Ansprache 19. spruchreif 20. Widersprüche 21. absprechen 22. angesprochen 23. Zuspruch 24. Ansprüche

26. 1. einzuschüchtern 2. gebessert 3. geschwächt 4. auffrischen 5. anfeuchtet 6. erleichtern 7. ausfüllen 8. verstärkt 9. gealtert 10. langweilt 11. entfernt 12. kürzen 13. verspätet 14. erhöht 15. Beruhig(e) dich 16. aufgewacht 17. verbreitern 18. erweitert 19. entwerten 20. gewürdigt 21. vergilbt 22. vertieft 23. aufrauen 24. erblinden 25. eingeengt 26. verdichtet 27. aufrunden 28. erhärtet 29. verdünnen 30. gefreut 31. verlängert 32. verfeinern 33. belästigen

27. 1. Werkzeug 2. Obst 3. Sport 4. Geschirr 5. Besteck 6. Möbel 7. Gemüse 8. Schmuck 9. Musikinstrument 10. Metall 11. Beruf 12. Schreibutensilien 13. Verkehrsmittel 14. Turngerät 15. Rauschgift 16. Literatur 17. Währung 18. Kleidung

28. 1. am Anfang 2. ohne Zweifel 3. im Durchschnitt 4. mit Sicherheit 5. in der Tat 6. mit Absicht 7. aus Versehen 8. im Notfall 9. zum Glück

29. 1. endlose 2. sparsame 3. egoistischer 4. verständnisvolle 5. erfolgreicher 6. rücksichtsloser 7. hilfsbereiter 8. ehrlicher 9. zuverlässiger 10. realistische 11. erholsames 12. unheilbare 13. unleserliche 14. lesbarer 15. unerklärliches 16. glaubhafter 17. mitteilsame 18. ungeduldiger 19. erreichbares 20. riskantes 21. regnerischer 22. hilfsbereiter 23. anspruchsloser

30. 1e 2g 3f 4b 5d 6o 7c 8s 9h 10l 11n 12j 13i 14r 15a 16p 17k 18m

31. 1. tropft 2. verstopft 3. überschwemmt 4. herausgefallen 5. umgekippt 6. angebrannt 7. übergelaufen 8. den Geist aufgegeben 9. gestürzt 10. gestolpert 11. ausgerutscht 12. geschnitten 13. ausgesperrt 14. verschimmelt 15. eingegangen 16. verbrannt

32. 1. Abbruch 2. erbrechen 3. Einbruch 4. Beinbruch 5. Durchbruch 6. Gebrechen 7. zerbrochen 8. unterbrochen 9. Umbruch 10. abgebrochen 11. ungebrochen 12. verbrochen 13. zusammengebrochen 14. Unterbrechung 15. Verbrechen 16. Ausbruch 17. abbrechen

33. 1. Entwurf 2. Vorwurf 3. umwerfend 4. beworfen 5. Wurf 6. Auswurf 7. eingeworfen 8. vorgeworfen 9. Zerwürfnis 10. Einwurf 11. abgeworfen 12. hinausgeworfen 13. überworfen

34. 1. absetzen 2. entsetzt 3. besetzt 4. versetzt 5. zersetzt 6. umzusetzen 7. Umsatz 8. zugesetzt 9. versetzt 10. Zusätze 11. Absätzen 12. besetzt 13. Zusätze 14. absetzen 15. ersetzt 16. Einsatz 17. Ersatz 18. abzusetzen 19. auseinandergesetzt 20. Vorsätze 21. Gesetz 22. zusammensetzen 23. Versetz 24. durchsetzen 25. entgegenzusetzen

35. 1c 2e 3g 4f 5b 6d 7h 8a

36. 1. schälen 2. hacken 3. andünsten 4. zugeben 5. anbraten 6. entfernen 7. angießen 8. würzen 9. garen 10. ersetzen 11. schneiden 12. dünsten 13. heben 14. abschmecken

37. 1. ermordet 2. vergangen 3. geschmuggelt 4. gestohlen 5. eingebrochen 6. entführt, getötet 7. vergewaltigt 8. erpressen 9. bestechen 10. überfallen, beraubt 11. belästigt 12. entführt 13. unterschlagen 14. betrogen 15. gefälscht 16. geschlagen 17. erschlagen 18. unterschlagen 19. missbraucht 20. hinterzogen 21. lynchen

38. 1e 2h 3q 4g 5v 6j 7a 8l 9s 10c 11f 12r 13d 14b 15t 16i 17k 18m 19u 20p 21n 22o

39. 1. Verben 2. Adverbien 3. Konjunktionen 4. Präpositionen 5. Substantive 6. Pronomen 7. Zahlwörter 8. Adjektive 9. Tempora 10. Satzglieder 11. Buchstaben 12. Vokale 13. Konsonanten 14. Satzzeichen 15. Modalverben 16. Genera

40. 1. geleistet 2. verpasst 3. verschoben 4. verwiesen 5. geliefert 6. eingestellt 7. besetzt 8. anzunehmen 9. beschränken 10. verstoßen 11. kümmern 12. niedergelegt

41. 1. beschreiben 2. abgeschrieben 3. Unterschreiben 4. verschreiben 5. vorschreiben 6. zugeschrieben 7. überschrieben 8. ausgeschrieben 9. aufgeschrieben 10. mitschreiben 11. niedergeschrieben 12. angeschrieben 13. schreiben

42. 1. die Extraktion eines Zahns 2. die Obduktion einer Leiche 3. die Rezension eines Buches 4. die Revision eines Urteils 5. die Reduktion der Kosten 6. die Verifikation/Verifizierung einer Zahl 7. die Annexion/Annektierung eines Gebietes 8. das Studium der Anglistik 9. die Korrektur einer Klassenarbeit 10. die Publika tion eines Textes 11. die Reparatur eines Fahrrads 12. die Observation/Observierung einer verdächtigen Person 13. die Analyse eines Satzes 14. die Deklination eines Substantivs 15. die Inspektion der Heizung 16. die Kopie der Rechnung 17. die Konzeption eines Plans

43. 1. Anfang 2. Lügen 3. Ende 4. Wurm 5. Kleider 6. Sinn 7. Vergleich 8. Hunde 9. Übung 10. Besen 11. Wille 12. Geschmack 13. Katze, Mäuse 14. Liebe 15. Schafe 16. Sitten 17. Geld 18. Magen 19. Gelegenheit 20. Müßiggang 21. Hunger 22. Zufriedenheit 23. Geschäft 24. Köche 25. Fleiß 26. Rose

44. 1g 2j 3i 4a 5k 6b 7d 8c 9h 10e 11f

45. 1. Inserent 2. Simulant 3. Denunziant 4. Konsument 5. Spion 6. Spekulant 7. Abonnent 8. Aktionär 9. Praktikant 10. Kontrahenten 11. Informant 12. Doktorand 13. Konfirmandin 14. Interessent

46. 1. Libellen 2. Marienkäfer 3. Bienen 4. Wespe 5. Mücke 6. Ameisen 7. Käfer 8. Hummeln 9. Hornisse 10. Fliegen 11. Flöhe 12. Läusen 13. Wanzen

47. 1. regiert 2. Kasse 3. herausgeben 4. Geld 5. Kleingeld 6. bar 7. Raten 8. schwimmen 9. Fenster 10. Runden 11. Vermögen 12. Falschgeld 13. Münzen 14. stinkt 15. Haufen 16. Schwarzgeld 17. Stange 18. umgehen 19. abgesehen 20. Heu

48. 1. Pfeffer 2. Salz 3. Knoblauch 4. Muskatnuss 5. Senf 6. Rosmarin 7. Schnittlauch 8. Petersilie 9. Thymian 10. Basilikum 11. Oregano 12. Fenchel 13. Majoran 14. Minze 15. Koriander 16. Kerbel 17. Estragon 18. Dill 19. Salbei

49. 1. suchen 2. aussuchen 3. untersucht 4. abgesucht 5. aufsuchen 6. besucht 7. versucht 8. nachgesucht 9. ersucht 10. durchsucht 11. versucht

50. 1. Peter 2. Oskar 3. Minna (= Wilhelmine) 4. Otto 5. Hänschen, Hans 6. Anton 7. August 8. Xanthippe

51. 1. Pferdeschwanz 2. Hundstage 3. Wasserratte 4. Suppenhuhn 5. Nachteule 6. Kuhfladen 7. Eselsohr 8. Schmutzfink 9. Ameisenhaufen 10. Eselsbrücke 11. Bücherwurm 12. Neidhammel 13. Angsthase 14. Löwenanteil 15. Pechvogel 16. Bärenhunger

52. 1. unterrichtet 2. veräußern 3. hatte ... an 4. beschäftigen 5. zankten 6. verpasst 7. erwischt 8. verübt 9. diesem ... gekündigt 10. erzielt 11. erwidert 12. erhalten 13. ziehen an 14. untersagt 15. Zugestoßen 16. besteht

53. 1. seriöses 2. formelles 3. riskantes 4. katastrophale 5. romanische 6. modisches 7. luxuriöses 8. telegene 9. konservativer 10. drakonische 11. epochales

54. 1. wider 2. wieder 3. wieder 4. wider 5. wider 6. wider 7. wider 8. wider .

55. 1. hinstellen 2. bestellt 3. zugestellt 4. umstellt 5. anstellen 6. abgestellt 7. anstellen 8. abgestellt 9. abbestellt 10. erstellt 11. festgestellt 12. klarstellen 13. vorgestellt 14. untergestellt 15. unterstellen 16. freigestellt 17. einstellen 18. verstellen 19. vorstellen 20. umgestellt 21. hergestellt 22. ausgestellt 23. bereitstellen

56. 1. umarmen 2. fußt 3. geschultert 4. kniete 5. enthaaren 6. fingerte 7. näselt 8. gegurgelt 9. zahnt 10. häutet 11. brüstet 12. aufgehalst

57. 1. verstanden 2. Untersteh 3. herumzustehen 4. zustehen 5. bestanden 6. durchgestanden 7. erstanden 8. gestanden 9. bestehe 10. entstanden 11. Abstand 12. Verständnis 13. Umständen 14. Verstand 15. Bestand 16. Zustand 17. Anstand 18. umständliche 19. Stände 20. ständig 21. verständnisvolle 22. einstehen 23. Einstand

58. 1. führt ... an 2. entführt 3. abgeführt 4. führt ... hin 5. durchgeführt 6. zurückzuführen 7. verführen 8. Führung(szeugnis 9. fortgeführt 10. zugeführt 11. Abfuhr 12. herumgeführt 13. Führung 14. wegführen 15. führt 16.aufgeführt

59. 1. großzügiger 2. verboten 3. erleichtert 4. einfach 5. mildernde 6. verspätet 7. ausgepackt 8. teures 9. vertikale 10. niveauloser 11 Frühaufsteher 12. schlechteste

60. 1. denke ... zurück 2. denkwürdiger 3. gedenken 4. nachdenkliches 5. nachdenken 6. Denkmal 7. denke 8. überdenken 9. Gedanke 10. verdenken 11. eingedenk 12. Denker 13. durchdacht 14. wegzudenken

61. 1. Lage 2. anliegendes 3. umliegenden 4. naheliegend 5. erlegen 6. unterliegt 7. obliegt 8. durchgelegen 9. liegen 10. liegt ... bei 11. vorgelegen 12. Unterlagen 13. liegen 14. gelegen 15. abgelegen

62. 1. enthaart 2. gezogen 3. gehandelt 4. aufgeregt 5. zusammengebrochen 6. speisten 7. auszugleichen 8. berechnet 9. zurate gezogen 10. besteht 11. entworfen

63. 1. hinlegen 2. abgelegt 3. verlegt 4. hingelegt 5. zugelegt 6. verlegen 7. belegt 8. angelegt 9. aufgelegt 10. anzulegen 11. belegte 12. zugelegt 13. niedergelegt 14. stillgelegt 15. vorgelegt 16. erlegt 17. umgelegt 18. Verlegenheit 19. aufgelegt 20. belegt 21. Zulage 22. Verlag 23. Vorlage 24. Ablage 25. abgelegt 26. draufgelegt 27. einlegen 28. wegzulegen 29. Einlegen 30. Anlagen

64. 1. zurückgehalten 2. enthält 3. abhalten 4. aushalten 5. verhalten 6. enthalten 7. behalten 8. anzuhalten 9. zuhalten 10. erhalten 11. hinhalten 12. herhalten 13. mithalten 14. vorbehalten 15. vorenthalten 16. herauszuhalten

65. 1. ablaufen 2. entlaufen 3. zugelaufen 4. verlaufen 5. abgelaufen 6. angelaufen 7. beläuft 8. durchgelaufen 9. fortgelaufen 10. durchlaufen 11. gelaufen 12. laufen

66. 1. der Entzug des Führerscheins 2. die Ausbeutung von Arbeitern 3. die Aufzucht eines Tieres 4. die Weitergabe einer Information 5. die Liebe zu einem Menschen 6. die Übersetzung eines Textes 7. der Abschluss eines Vertrages 8. der Hass auf einen Menschen 9. das Erlernen einer Fremdsprache 10. der Verlust eines Koffers 11. der Sieg über eine Mannschaft 12. die Liebe zu einer Frau 13. die Reparatur eines Fahrrads

67. 1. unsympathischer 2. inhumane 3. irrationale 4. inakzeptabler 5. inkompetenter 6. instabile 7. subjektive 8. extra/extrovertierte 9. informelle 10. unpopulärer 11. stationäre 12. insolvente 13. unrealistische 14. heterogene 15. illega-

131

le 16. antiautoritäre 17. explizite 18. ineffiziente

68. 1. hüpft 2. klettert 3. fahre 4. läuft 5. kriecht 6. schwimmt 7. schlängelt sich 8. räkelt sich 9. umzudrehen 10. angekommen 11. bestiegen 12. stehe ... auf 13. gestartet 14. erheben sich 15. bückte mich 16. schlich 17. setzt sich 18. ging 19. fuhr weiter 20. gekrochen 21. springst 22. stampft 23. ausweichen 24. tanzen 25. schaukelt

69. 1. kann kein Spanisch 2. gestohlen 3. gingen 4. aufgegeben 5. gebeten 6. völliger/blanker 7. frei von allen Sorgen 8. verkaufen 9. verweigert 10. bereit 11. braucht unsere 12. erfüllt/erledigt ... alle

70. 1. Kaufleute 2. Feuerwehrleute/Feuerwehrmänner 3. Müllmänner (selten: Mülleute) 4. Ehemänner 5. Bergleute (selten: Bergmänner) 6. Tormänner/Torleute 7. Ersatzleute/Ersatzmänner 8. Vordermänner (seltener: Vorderleute) 9. Hausmänner 10. Landsleute

71. 1f 2g 3d 4e 5c 6a 7b

72. 1. einig 2. einsam 3. abergläubisch 4. gläubig 5. abgöttisch 6. freudige 7. kindisch 8. kindliches 9. sichtlich 10. sichtbar 11. unglaublich 12. herrlicher 13. herrisches 14. besserwisserische 15. launisch 16. heimisch 17. ängstliches, furchtsames 18. furchtbarer 19. Alkoholische 20. erstklassig 21. klassische 22. grafische 23. lösbar 24. lösliche 25. modische 26. panische 27. strittiger 28. salomonisches 29. parteiisch 30. sparsame 31. solidarisch

73. 1. ausgegangen 2. nahegegangen 3. eingegangen 4. vergangen 5. gehen ... aus 6. angeht 7. geht 8. geht ...um 9. begangen 10. durchgehen 11. entgangen 12. geht ... unter 13. umgehen 14. ergehen 15. umgehen 16. herangehen 17 geht ... zu 18. Gehst ...hin 19. ging ... her 20. abgegangen 21. gehe ... aus 22. Eingegangen 23. zergeht

74. 1. Töchter 2. deine Mutter 3. Meine Schwester 4. Unsere Tante 5. Lehrerinnen 6. Unsere Schwiegertochter , Italienerin 7. Meine Nichte 8. seiner Schwiegermutter 9. deine Kusine/Cousine 10. Meine Frau, Ärztin 11. Das Mädchen

75. 1. Rückspiel, Hinspiel 2. Beispiel 3. vorspielen 4. spielend 5. herunterzuspielen 6. verspielt 7. gespielt 8. Spielsachen 9. Zuspiel 10. Glücksspiel 11. spielerische 12. abgespielt 13. bespielbar 14. abspielen 15. mitspielen 16. Vorspiel 17. (Pokal)endspiel 18. umspielt 19. ausgespielt 20. überspielen

76. 1. Stäbchen 2. Häufchen 3. Händchen 4. Hühnchen 5. Häuschen 6. Fäustchen 7. Mäntelchen 8. Näschen 9. Kännchen 10. Hänschen 11. Händchen 12. Mäppchen 13. Bächlein 14. Fettnäpfchen 15. Zünglein 16. Häuschen 17. Äugelchen/Äug(e)lein 18. Mäuschen 19. Männchen 20. Stündchen

21. Örtchen

77. 1. Silber, Gold 2. Blei 3. Zinn 4. Aluminium 5. Blech 6. Platin 7. Bronze 8. Kupfer 9. Stahl 10. Eisen

78. 1. abschlagen 2. abschlägigen 3. Umschlag 4. aufgeschlagen 5. beschlagen 6. zugeschlagen 7. eingeschlagen 8. Abschlag 9. Schläger 10. erschlagen 11. Beschlag 12. beschlagnahmt 13. schlagfertig 14. Schläger 15. schlägt 16. verschlagen 17. Einschlag 18. durchgeschlagen 19. schlagende 20. Schlacht 21. Anschlag 22. Schlager 23. zugeschlagen 24. geschlachtet

79. 1. Kofferraum 2. Windschutzscheibe 3. PS 4. Autowerkstatt 5. hupen 6. Spur, blinken 7. Reifenpanne 8. Inspektion 9. parken 10. Motor 11. Steuer 12. Handbremse 13. Parkplatz, Parklücke 14. Parkuhr 15. Rückspiegel 16. Lenkräder, Navis 17. Armaturenbrett 18. Klimaanlage 19. TÜV 20. Gaspedal, Bremspedal 21. Karosserie 22. Auspuff 23. Batterie 24. Sicherheitsgurt 25. Kupplung 26. Bremsen 27. Tank 28. Scheinwerfer 29. Autokennzeichens

80. 1. kommt 2. zurückkommen 3. angekommen 4. dazugekommen 5. zukommen 6. abgekommen 7. bekommen 8. auskommen 9. durchkommt 10. fortkommst 11. entkommen 12. kommst ... durch 13. Zukunft 14. nahegekommen 15. Komm ...her 16. kämen ... hin 17. Ankunft 18. zukünftigen 19. vorbeikommen 20. verkommen 21. übereingekommen 22. Herkunft 23. loskommen 24. bekommt

81. 1. Atlas 2. Bibel 3. Wörterbuch 4. Anthologie 5. Lexikon 6. Novellen 7. Koran 8. Grammatik 9. Roman 10. Bildband 11. Bände 12. Verlag 13. Auflage, vergriffen, Neuauflage 14. Einband 15. Handel 16. Prüfexemplar 17. Titel 18. Autor 19. Herausgeber 20. Manuskript

82. 1. klarzumachen 2. vormachen 3. vermacht 4. durchmachen 5. angemacht 6. Mach ... an 7. ausmachen 8. ausgemacht 9. wettmachen 10. macht ... aus 11. abgemacht 12. zumachen 13. rargemacht 14. macht

83. 1. bedeckt 2. zudecken 3. Deckel 4. Decke 5. abgedeckt 6. Tischdecke 7. Deckst ... ab 8. Verdeck 9. entdeckt 10. Decke 11. verdeckter 12. Dachdecker 13. gedeckt 14. aufgedeckt 15. bedeckt 16. Deckung 17. abgedeckt

84. 1. Tat 2. vertan 3. abgetan 4. Zutun 5. tut 6. guttun 7. Tätigkeit 8. tatkräftig 9. wegtun 10. antun 11. hintun 12. untätig 13. tatenlos 14. Täter

85. 1. lädt 2. hältst 3. weiser 4. weiß 5. verwandt 6. todmüde 7. totenbleich 8. gewandt 9. Füße 10. Flüsse 11. redegewandt 12. Freundinnen 13. Entgelt 14. Hase, saß, Gras, fraß, Möhre 15. hasst 16. schmeißt 17. weggeschmissen 18. reißt 19. Fleiß, Preis 20. ließ 21. Lies 22. Bewirb 23. Betttücher 24. Dass, das, das 25. geröntgt 26. Tanzen, Rhythmus

86. 1. Rotte 2. Rudel 3. Herde 4. Schar 5. Schwarm 6. Horde 7. Gruppe 8. Meute 9. Menge

87. 1. zehn 2. drei 3. sieben 4. fünf 5. zwei, Dritte 6. vier 7. vier 8. drei 9. null 10. zwölf 11. dreizehn 12. Sechs 13. null 14. zwei 15. hundert 16. vier 17. Null 18. Elf 19. drei

88. 1. Moschee 2. Kirche 3. Synagoge 4. Theater 5. Tempel 6. Kino 7. Bank 8. Universität 9. Schule 10. Fitnesscenter 11. Finanzamt 12. Rathaus 13. Gefängnis 14. Sporthallen 15. Arbeitsamt 16. Hallenbad 17. Krankenhaus 18. Museum 19. Hotel 20. Bibliothek 21. Klosters 22. Restaurant

89. 1. erlassen 2. entlassen 3. zulassen 4. verlassen 5. abgelassen 6. angelassen 7. auszulassen 8. Belassen 9. durchlassen 10. weglassen 11. vorgelassen 12. stehenlassen 13. zurückgelassen 14. sitzenlassen 15. sich ... niedergelassen 16. loslassen 17. Lassen

90. 1. Fenchel 2. Sellerie 3. Aubergine 4. Chicorée 5. Rosenkohl 7. Gurke 8. Kürbis 9. Zucchini 10. Knoblauch 11. Karotte 12. Tomate 13. Radieschen 14. Artischocke 15. Blumenkohl 16. Paprika 17. Mais 18. Kohrabi 19. Brokkoli 20. Bohne 21. Erbse 22. Endivie 23. Salat 24. Zwiebel 25. Mangold 26. Rauke 27. Kartoffel

91. 1. begreifen 2. durchgreifen 3. griff 4. griffbereit 5. Eingriff 6. unbegreiflich 7. aufgreifen 8. Angriff 9. aufgegriffen 10. vergriffen 11. eingreifen 12. greifen ... zu 13. Begriff 14. Griff 15. Zugriff 16. Ergreifung 17. angegriffen 18. vergriffen 19. ergriffen 20. vergriffen 21. zurückgreifen

92. 1. Buche 2. Kiefer 3. Palme 4. Zeder 5. Eiche 6. Birke 7. Lärche 8. Pappel 9. Ahorn 10. Ulme 11. Weide 12. Linde

93. 1. Deutschen 2. Franzosen 3. Spanier 4. Portugiesen 5. Ungarn 6. Monegassen 7. Schweden 8. Italiener 9. Finnen 10. Schweizer 11. Afghanen 12. Venezolaner 13. Griechen 14. Türken 15. Litauer 16. Brasilianer

94. 1. Zutritt 2. antreten 3. austreten 4. betrat 5. losgetreten 6. abgetreten 7. betretenes 8. getreten 9. vertreten 10. auftreten 11. antreten 12. treten 13. Austritt 14. Eintritt 15. abtritt 16. vertreten 17. weggetreten 18. Vortritt 19. beizutreten 20. eingetreten 21. eingetreten 22. vertreten 23. Beitritt 24. Antritt 25. Tritt 26. vortreten 27. trittfest

95. 1. Rose 2. Nelke 3. Veilchen 4. Hyazinthe 5. Narzisse 6. Tulpe 7. Osterglocke 8. Chrysantheme 9. Aster 10. Geranie

96. 1. Hörst ... zu 2. abgehört 3. gehört 4. aufzuhören 5. verhört 6. gehört 7. Gehör 8. abgehört 9. angehört 10. gehorsames 11. Hörensagen 12. abgehört

13. Zuhörer 14. hört ... an 15. Hört ... um 16. Hörer 17. hörig 18. gehört 19. Hörgerät 20. Anhörung

97. 1. Einträge 2. Vertrag 3 austragen 4. Betragen 5. Vertragt 6. vertrage 7. ertragen 8. eingetragen 9. abträglich 10. Erträge 11. unerträglich 12. tragende, Träger 13. Träger/Trägerin 14. tragbar 15. auftragen 16. Betrag 17. zugetragen 18. aufgetragen 19. beträgt 20. aufgetragen 21. Auftrag 22. trug 23. Vortrag

98. 1. sorgen 2. sorgsam 3. Vorsorge(untersuchung) 4. besorgen 5. Sorgen 6. versorgt 7. entsorgen 8. Sorge 9. Besorgungen 10. besorgt 11. Sorge(recht) 12. vorzusorgen 13. vorsorglich 14. fürsorgliche 15. Fürsorge 16. besorgen

Zeitfracht Medien GmbH
Ferdinand-Jühlke-Straße 7
99095 Erfurt, Deutschland
produktsicherheit@kolibri360.de